HISTOIRE

DU

BARREAU DE PARIS.

HISTOIRE

ET

ÉTAT DE LA COUTUME

HISTOIRE

DU

BARREAU DE PARIS

DANS LES COURS

DE LA RÉVOLUTION.

A PARIS,

Chez MARADAN, libraire, rue des Grands-Augustins, N.° 9.

DE L'IMPRIMERIE DE GILLÉ.

HEURE CRITIQUE

DU

BARREAU DE PARIS

A PARIS,

LEBRAC, libraire, rue des Grands-Augustins, n° 9.

DE L'IMPRIMERIE DE CRAPLET.

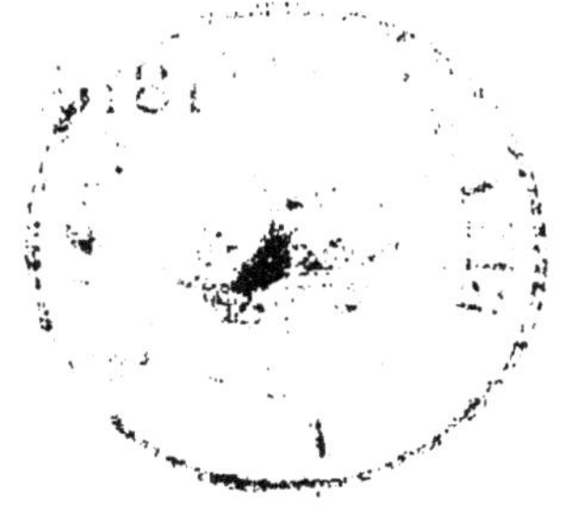

PRÉFACE.

L'histoire des *avocats*, publiée en 1813, demandait une *suite* que l'auteur avait lui-même annoncée dans sa préface. « Je regrette « (dit-il) que le plan de mon ouvrage ait « arrêté ma plume au 15 octobre 1790.

« Les chances révolutionnaires qui ont « agité le barreau du parlement de Paris, « aux époques désastreuses de 1356, 1383, « 1418 et 1588, se sont reproduites sur le « barreau de 1789, et ont influé sur la « destinée de ses membres.

« Les uns, s'élançant dans la révolution, « ont laissé de longs souvenirs de leur pas- « sage, et ont imprimé à leurs noms une « célébrité qui les rend justiciables de la « postérité.

« Plusieurs ont vu finir leur carrière au « milieu des *massacres* de toute espèce,

« au fond des *prisons*, sur les places pu-
« bliques ; sur des *échafauds*, où dans les
« déserts de la *Guyane*. ——

« Et d'un autre côté, comme si la for-
« tune eût voulu expier tant de calamités,
« par la compensation de nombreuses fa-
« veurs, elle a prodigué l'éclat, l'illustration
« et les honneurs sur ce même tableau (de
« 1789), en appelant plusieurs de ses
« membres aux dignités les plus éminentes
« de l'*administration* et de la *magistra-*
« *ture*. »

C'est cette SUITE que l'on donne aujour-
d'hui.

Rédigée sur le plan du premier ouvrage,
elle embrasse les vingt-cinq années écoulées
depuis la convocation des états-généraux,
partagées en autant d'époques qu'il y a eu
d'espèces de gouvernement depuis 1789.

Sous le titre d'*Histoire du Barreau de
Paris* il ne faut pas entendre celle des *dis-*

cussions judiciaires qu'il'ont occupé durant
ces vingt-cinq années.

Il n'y a rien de cela.

Le *Barreau* n'est, ici, considéré que sous
son rapport avec les événemens politiques,
et qui s'associent nécessairement à l'histoire
de la révolution.

En général, le *Barreau* et le *Gouvernement* s'enchaînent par des rapports si étroits
que l'histoire de l'un et de l'autre se con-
fond.

Le Barreau est le point central où vien-
nent aboutir les résultats *révolutionnaires.*
C'est lui qui en reçoit les premières se-
cousses, et qui souvent les amortit ou les
aggrave.

Pendant le quart de siècle qui vient de
s'écouler, chaque *révolution*, de quelque
couleur qu'elle fût, imprima sa teinte au
Barreau par les nombreuses variations
qu'elle y introduisit.

Lois, *usages*, *réglemens*, *costumes*, *principes*, *idiome*, *langage*, *formule* des jugemens, et de leurs *dates*, tout subit le changement à l'*ordre du jour*.

Au milieu de cette fluctuation perpétuelle, rien ne ressemblait moins à la *veille* que le *lendemain*. Un jour de retard dans une accusation changeait du tout au tout le destin de l'*accusé* ; un jugement rendu de tel ou tel sens suffit pour exciter un orage, ou pour l'apaiser.

Ces vicissitudes dont nous avons été les témoins ne sont que la répétition de celles dont l'histoire nous a conservé le souvenir.

Déjà l'*ouvrage* auquel celui-ci sert de *suite* avait offert un grand nombre d'exemples de cette liaison intime de l'*histoire du Barreau* avec l'*histoire nationale*.

Une *assemblée* appelée (1356) pour venir au secours du *déficit* des finances abuse de l'absence du Roi et de la faiblesse du Dauphin ; pour s'emparer de l'autorité royale et outrager la majesté du trône. Sa première mesure est d'anéantir le *parlement, défenseur né de la monarchie* ; les magistrats sont proscrits, mis en fuite, ou conduits au supplice. Le *barreau oratoire* est compris dans la proscription et poursuivi avec le dernier acharnement par une populace forcenée. *Regnaut d'Assy*, au sortir du palais, est massacré aux pieds du régent ; quelque temps après, l'avocat *Desmarets* expie sur un *échafaud révolutionnaire* son dévouement au maintien de la monarchie.

Pourrait-on séparer ces événemens de l'histoire du *Barreau* ?

Lorsque la majesté royale était étouffée sous les factions d'*Orléans* et de *Bourgogne*, par combien de tribulations le *Barreau* de Paris ne paya-t-il pas son inviolable attachement au Roi ? Resté sous la bannière des *Armagnacs* (qui était celle du parti royal) , il est livré à la rage de la faction victorieuse (1418).

Chancelier, présidens, conseillers, avocats sont *égorgés* dans leurs maisons, *assommés* sur la place publique, ou *massacrés dans les prisons.* (Image trop fidèle des massacres du 2 septembre 1792.)

Un simulacre d'*audience* n'offre plus que des places désertes, veuves de leurs hôtes habituels.

Cet affreux état du *palais* subsiste jusqu'à ce que la faction de *Bourgogne* ait repeuplé le *Barreau* de ses créatures; ne voit-on pas là encore cette intime incorporation de l'histoire du Barreau avec celle du Gouvernement?

Lorsque l'étranger, en 1422, usurpant le titre de *Roi de France*, eut la hardiesse de s'asseoir sur le trône des lis et d'attacher son nom aux arrêts du parlement, n'est-ce pas là encore une époque intéressante qui liait l'*histoire du barreau* à *l'histoire natio-nale ?*

A l'époque de 1593, qui ouvrit au premier *Bourbon* l'accès de son trône, avec quel éclat le *Barreau* ne figura-t-il pas dans cette fameuse restauration ? Quel coup de foudre que cet ARRÊT du 28 *juin* 1593, qui vint paralyser cette *assemblée de factieux ?*

Sans aller plus loin, n'en voilà-t-il pas assez pour établir cette vérité, que le *Barreau* fournit à *l'histoire nationale* des matériaux précieux qui en sont inséparables ? Les *vingt-cinq années* que je vais parcourir, en formeront une nouvelle preuve. On y trouve la réproduction d'une foule d'événemens disséminés dans les *cinq siècles* précédens, et d'*autres* événemens encore qui n'ont pas d'exemple ni dans notre histoire ni dans aucune autre.

Peut-être quelques détails, au premier coup - d'œil, ne paraîtront - ils pas appartenir essentiellement à mon ouvrage ; mais, en avançant dans la lecture, la connexité de ces détails avec l'histoire du Barreau se fera bientôt apercevoir, et mettra à découvert des fils cachés qui les rattachent l'un à l'autre.

Pour l'intelligence du plan de cet ouvrage, il faut savoir que des événemens de trois espèces entrent dans sa composition.

1.° Ceux qui embrassent matériellement le Barreau et le frappent directement, tels que la *suppression des parlemens et de tous les tribunaux*, le *renouvellement* de *l'ordre judiciaire*, le *costume* des juges et des officiers ministériels, etc., etc.

2.° Les événemens dont le contre-coup retombe sur le *Barreau*, qui s'en trouve *révolutionné*, tels que des règlemens de discipline, une nouvelle jurisprudence qui bouleverse les anciens principes , un *code civil* ou de procédure , et même quelques chapitres d'une *constitution* nouvelle.

Il suffit que ces innovations changent l'état , le régime et la doctrine du Barreau , pour qu'ils soient un ingrédient nécessaire de cette histoire.

3.º Enfin la troisième espèce se compose d'événemens et de détails personnels à des membres du Barreau de Paris , qui ont figuré dans la révolution par quelque action d'éclat ou par une destinée funeste, ou par la célébrité quelconque qu'ils ont acquise dans les assemblées délibérantes.

Il suffit qu'ils appartiennent au Barreau, à cette époque , pour qu'ils soient signalés dans son histoire.

La dissolution de ces assemblées les ayant constituées en *état de mort,* elles sont le patrimoine de la postérité qui est déjà ouverte pour elles.

Je me suis, donc, placé, à leur égard, comme s'il y avait plusieurs siècles de distance.

Au surplus, je n'ai, sur cet article, ni excuse, ni indulgence à demander à qui que ce soit.

Je considère mon ouvrage comme mon *domaine*, auquel est attaché le droit de juridiction sur tous les personnages historiques qui le traversent, avec faculté de les examiner sur leurs fonctions politiques et de les juger. Je n'ai donc fait qu'user d'un droit légitime, sauf à l'opinion publique à reviser mes jugemens.

HISTOIRE

DU

BARREAU DE PARIS.

LIVRE PREMIER.

CHAPITRE PREMIER.

ASSEMBLÉE SOI-DISANT CONSTITUANTE.

ÉTAT du Barreau à l'époque de la convocation des Etats-généraux en 1789.

Affluence des avocats dans les assemblées de districts destinées à la nomination des Electeurs.

Ouverture de l'assemblée électorale (26 avril), où se trouvent quatre-vingt-treize avocats au Parlement. Agitation des premières séances ; rédaction des cahiers ; noms des avocats députés.

Motifs secrets de la destruction des Parlemens ; qui provisoirement sont détenus en état permanent de vacations.

Plan d'une réorganisation entière de l'ordre judiciaire.

Etablissement de tribunaux de première instance

par chaque district du royaume ; discussion sur l'admission de la voie d'appel, déclamation d'Adrien Duport contre les cours supérieures ; tribunaux de districts constitués, juges d'appel les uns des autres.

Suppression des Parlemens et de toute autre espèce de tribunaux.

Abolition du nom et du costume des avocats réduits au titre de défenseurs officieux.

Abolition de l'ère chrétienne dans les lois, jugemens et actes publics, pour lui substituer l'ère de la liberté.

Distribution des six tribunaux civils dans six quartiers de Paris. Election des juges, mesquinerie de leur costume et du siège de leurs audiences.

Députation à l'assemblée nationale du corps électoral pour annoncer la clôture de l'élection des juges.

Discours du comédien Larive, choisi pour orateur ; réflexions sur la singularité de ce choix.

Installation des nouveaux juges par la municipalité ; accueil peu favorable du public ; considérations qui le réconcilient avec les tribunaux.

Evasion du Roi et de la famille royale ; leur retour aux Tuileries ; Tronchet nommé l'un des trois commissaires pour recevoir la déclaration du Roi et de la Reine sur les motifs de leur re-

traite ; conduite honorable de Tronchet dans cette mission , qui lui mérite la confiance du Monarque. Clôture de l'assemblée dite consti- tuante , qui se sépare en laissant des germes de nouvelles discordes.

LA CONVOCATION des *Etats-généraux* au mois de mars 1789 mit le palais dans une grande agitation. Le souvenir des coups d'autorité tout récemment exercés sur le parlement , le système despotique des deux ministres *Brienne* et *Lamoignon* , la translation du parlement à *Troyes* , le blocus du palais , l'enlèvement de deux conseillers de grand-chambre, l'exil de plusieurs autres , avaient exaspéré les esprits , au point de leur laisser voir dans la convocation des Etats-généraux une heureuse occasion de vengeance et de représailles.

D'un autre côté, la manie des réformes et des innovations avait gagné une partie du parlement ; et c'était, surtout, dans les *enquêtes* qu'elle exerçait ses ravages. Détracteurs perpétuels des formes antiques, ces jeunes magistrats se promettaient bien de remettre l'*ordre judiciaire* à neuf , et de le reconstituer sur une manière large , sans prévoir qu'ils seraient les premières victimes de la réforme.

Quant au *Barreau*, proprement dit, composé d'*avocats* en vogue, c'est là surtout que se trouvait le siége des spéculations et des *théories politiques*.

Plusieurs d'entre eux, enivrés de quelques succès obtenus au barreau, la tête pleine de projets réformateurs, regrettaient de se voir réduits dans le cercle modeste d'intérêts *privés*, qui n'offraient pas assez de développement à leurs talens. Ils enviaient ces temps heureux d'*Athènes* et de *Rome* où les orateurs brillans de gloire étaient admis à traiter les plus grands intérêts nationaux.

Les *Etats-généraux* leur offraient la perspective d'un champ illustre, ouvert à l'art oratoire. Que de belles choses à dire ? que de profondes idées à développer ? et pour donner l'avant-goût de son savoir faire, *Target* lança dans le public une brochure intitulée : les *Etats-généraux convoqués par Louis XVI*.

A l'ouverture des *assemblées primaires*, des magistrats de toute espèce, les *avocats* et les *officiers ministériels* se précipitent dans leurs *districts* respectifs, soit pour surveiller le choix des électeurs, soit pour le rappeler sur eux-mêmes.

Ce qu'il y a de certain, c'est que sur *trois cents* électeurs à nommer, il y eut cent soixante-cinq hommes de palais , dont *soixante-dix avocats* sur le tableau de 1789 (1).

---

(1) MM. Joly.
De Joli.
Gicquel.
Mitouflet de Beauvoir.
Pons de Verdun.
Timbergue.
Delamalle.
Marquet.
Ganilh.
Canuel.
Olivier des Closeaux.
Camus.
Hom.
Garan de Coulon.
Le Roi.
Popelin.
Le Poitevin.
Rimbert.
Fournel.
Target.
Martineau.
Picard.
Blondel.
Desèze.
Parquez.
De la Vigne.
Duveirier.
Bosquillon.
Desbans.
Prévot de Saint-Lucien.
Le Vacher de la Terinière.
Larrieu
De la Croix Frainville.
Etienne de la Rivière.
Huteau.
Oudet.
De la Saudade.
De la Fourniere.
Legrand de St. René.
Duport Dutertre.
Bigot de Préameneu.
Cheron de la Bruyère.
La Cretelle.
Agier.
Treilhard.
Blondel.
Serpand.
Courtin.
Minier.
Dufour.
Oudard.
Fauconnier.
Brosselard.
Pion de la Roche.
Brunet.
Bourdois.
Dameuve.
D'Osmont.
Hureau.
De Castillon.
Thuriot de la Rosière.
Sanson.
De la Fleuterie.
Thilorier.
Parisot.
Vermeil.
Boucher.
Heoquet.
De Bassac.
Bonhomme de Comeyras.

La réunion des *électeurs* s'ouvrit le 26 *avril* 1789, dans la grande salle de l'Archevêché, sous la présidence de *Target*, et la vice-présidence de *Camus*, tous deux fort ambitieux de toute espèce de fonctions qui les mettait en évidence.

La première opération fut de nommer des *commissaires* pour la rédaction des *cahiers*. Le quart de ces commissaires se composait d'avocats. Savoir : *Target*, *Martineau*, *Camus*, *Collet*, *La Cretelle*, *Huteau*, *Desèze* et *Treilhard*.

Le 30 *avril*, ces *commissaires* se rassemblèrent à la bibliothèque des avocats, et se partagèrent en six bureaux, sous les titres de *constitution*, *finances*, *agriculture* et *commerce*, *religion*, *clergé*, *mœurs*, *éducation*, *hôpitaux*, *législation* et *municipalité*.

On voit par cette distribution que c'était moins un *cahier* d'observations, qu'un canevas de *constitution* que ces messieurs préparaient.

Quand leur travail fut achevé et soumis à la délibération de l'*assemblée*, ce fut alors qu'on vit se développer les premiers germes de cette effervescence qui devait dénaturer les *Etats-généraux*.

A ce *cliquetis* de paroles, où chacun cherchait à faire parade de sa pénétration, les gens sages commencèrent à craindre que ce mode d'assem-

blée politique ne fût pas approprié à l'esprit pétulant des Français.

Après la confection des *cahiers*, il fut question de passer à la nomination des *députés*.

Au milieu de nombreux débats, il sortit une nomination de vingt députés, dont *sept avocats* au parlement, MM. *Tronchet*, *Target*, *Camus*, *Martineau*, *Huteau*, *Samson* et *Treilhard*.

L'entrée à la chambre du *tiers-état* de *sept* avocats de la première cour du royaume ne pouvait pas manquer de produire une grande sensation, et bientôt ils furent appelés aux opérations les plus importantes.

TARGET fut le premier qui fixa l'attention de l'assemblée.

Arrivé au moment où les trois chambres étaient dans le fort de la discussion sur leur *réunion*, *Target* s'empara du rôle de *médiateur*, et se fit admettre de toutes les députations envoyées aux deux autres chambres.

Après la conversion des *États - généraux* en *assemblée nationale*, *Target*, qui s'était déjà fait une réputation auprès des révolutionnaires, par ses *déclamations* sur les caractères d'une bonne *constitution*, sur la *liberté*, l'*égalité*, le *bonheur commun*, ne tarda pas à entrer au comité de *constitution;* où il fut à portée de développer ses grandes vues sur la *régénération du royaume*.

S'il y avait une partie de la *législation* qui donnât des espérances , c'était sans doute l'organisation de *l'ordre judiciaire* , puisqu'il se trouvait dans l'assemblée plus de quatre cents membres , *magistrats, avocats* et *officiers ministériels*, familiarisés avec cette matière, et qui, par le concours de leurs lumières, devaient la porter à sa perfection : mais il en arriva bien autrement ; et l'*ordre judiciaire* fut (après la *constitution*) l'œuvre le plus imparfait qui sortit de cette assemblée.

On peut assigner deux causes à cette singularité.

D'abord on sait que le meilleur moyen d'avoir un mauvais ouvrage est d'y employer un grand nombre de *faiseurs*.

Chacun voulant y encadrer ses idées , ses conceptions, il arrive infailliblement qu'à force d'*amendemens, d'ajoutés* et de *modifications*, il en sort un ensemble défectueux.

C'est bien pis, encore, si le travail est mélangé d'*intérêts privés*, d'esprit de *parti*, de *ressentiment*, de *vues ambitieuses*.

Or cette circonstance prédominait avec une force extrême dans le travail de *l'ordre judiciaire*, et sert encore à en expliquer les imperfections.

Il ne faut pas perdre de vue que la presque totalité des *députés* étaient arrivés à l'assemblée avec des intentions hostiles contre toutes les institutions actuelles, le ferme dessein de les renverser et d'établir sur leurs ruines l'essai de leurs *conceptions idéologiques*.

La destruction des *parlemens* entrait en première ligne dans leur plan d'extermination. L'existence de ces corps puissans, ennemis nés des *novations*, et observateurs scrupuleux des *anciens usages*, devenait un obstacle à l'exécution de leurs vues *régénératrices*.

Ceux de ces membres qui étaient au courant de l'histoire de leur pays se rappelaient qu'après la mort de Louis-le-Hutin, en 1316, le parlement de Paris avoit maintenu avec courage la couronne de France dans la maison de saint Louis, contre une faction qui voulait la transférer à une maison étrangère ;

Qu'en 1326 le même parlement, en rejetant la *représentation* de la *ligne féminine*, avoit, par la seule puissance de son nom, évincé du trône de France Edouard III, roi d'Angleterre, et neveu du feu Roi ;

Qu'en 1593, au milieu du plus grand crédit des *États-généraux* et sous leurs yeux, le parlement de Paris, avec le seul secours de son *arrêt du 28 juin*, avait paralysé les efforts des entrepreneurs de révolution.

Des corps aussi tenaces pour les anciens principes de la monarchie pouvaient-ils être conservés au moment de l'explosion qui se préparait ?.

Le plan de leur subversion trouvait des auxiliaires nombreux, même dans les *légistes* de tout rang et de toute espèce réunis, dans l'assemblée, et qui, par des intérêts particuliers, calculaient sur l'abolition des *parlemens*.

Ce complot se laissa apercevoir aux premières séances de l'*assemblée*, qui ne s'occupa plus que des moyens d'en assurer l'exécution.

Le premier qui se présenta à l'esprit fut de les mutiler *provisoirement*, de leur ôter la force de l'ensemble, en s'opposant à leur réunion; en un mot *de les enterrer tout vivans*, suivant l'expression de quelques membres de l'assemblée, en les réduisant à l'état de *chambres* de *vacations*.

La faction des démolisseurs chargea un jeune colonel de proposer à la tribune cette mesure de sûreté, à la suite d'un discours qui mérite d'être consigné ici.

« Vous n'ignorez pas, messieurs, quelles sont
« les dispositions de ces cours, de *quel œil elles*
« *voient l'établissement de la constitution*, quels
« regrets elles manifestent de voir s'évanouir de
« si *longues jouissances* et de si *hautes prétentions*.
« De quel danger ne seroit-ce donc pas de leur
« laisser reprendre, en ce moment, une activité

« qu'elles pourraient tourner contre nos heu-
« reuses conceptions.

« Il n'est personne parmi vous, messieurs ;
« qui n'ait senti la nécessité d'établir un *nouvel*
« *ordre judiciaire* , et de substituer à ces *grands*
« *corps politiques* des tribunaux plus près du peu-
« ple, et bornés à la *seule administration de la*
« *justice.*

« Ce n'est pas, messieurs, que je veuille an-
« ticiper sur l'ordre de vos travaux, ni vous pro-
« poser de prononcer d'une manière absolue *sur*
« *le sort des parlemens.* Je sais que si, dans l'ori-
« gine, la puissance royale leur *a dû son agran-*
« *dissement*, on les a vus depuis, dans plus d'une
« occasion, lui *prescrire des limites et souvent*
« *combattre avec énergie et presque toujours avec*
« *succès les efforts du despotisme ministériel.* Je
« sais qu'on les a vus, *lorsque l'autorité l'em-*
« *portait, soutenir avec fermeté les persécutions*
« *obtenues par leur courage.* Je sais que, dans ces
« derniers temps surtout, ils ont repoussé avec
« force les *coupables projets qui devaient anéantir*
« *entièrement notre liberté* (1); mais la *reconnais-*

____

(1) Voilà des aveux bien précieux dans la bouche d'un
démocrate. En fallait-il davantage pour faire désirer à
la nation le maintien de ces grands corps qui la défen-
daient avec *énergie*, avec *succès*, contre le despotisme

« *sance* qui, dans les hommes privés, peut aller
« jusqu'à sacrifier ses intérêts, ne saurait auto-
« riser les *représentans de la nation* à compro-
« mettre ceux qui leur sont confiés ; et nous ne
« pouvons le dissimuler, messieurs, tant que les
« *parlemens conserveront leur ancienne existence*,
« les amis de la liberté ne seront pas sans crainte
« et ses ennemis sans espérance.

« La *constitution* ne sera pas solidement éta-
« blie *tant qu'il existera auprès des* assemblées
« nationales, des *corps rivaux de sa puissance*,
« accoutumés depuis long-temps à se regarder
« comme les *représentans de la nation*, et si re-
« doutables par l'influence du pouvoir judiciaire ;
« des corps dont la savante tactique a su tourner
« tous les événemens à l'accroissement de leur
« puissance, qui, sans cesse, seront occupés à
« *épier nos démarches*, *à aggraver nos fautes*, *à
« profiter de nos négligences*, et à attendre le
« moment favorable de s'*élever sur nos débris.*

« Non, messieurs, il n'est pas à craindre que la
« même assemblée qui a *fixé le droit du trône*,
« qui a prononcé la destruction des *ordres*, qui ne
« laissera aux nobles d'autres priviléges que la
« mémoire des services de leurs aïeux, qui a fondé

ministériel, et qui avaient soutenu avec *fermeté* les persécutions *obtenues par leur courage.*

« la liberté sur l'*égalité civile et politique* , et sur
« la destruction des *aristocrates de toutes les espè-*
« *ces*, puisse jamais consentir à laisser subsister
« des corps, *jadis tolérés, mais aujourd'hui in-*
« *compatibles avec la constitution.*

« Au reste, messieurs, continue-t-il, en ren-
« voyant la question du fond au moment où vous
« statuerez définitivement sur le pouvoir judiciaire,
« je me borne en cet instant à vous proposer un
« arrêté qui ordonne que les *parlemens resteront*
« *en vacances* (1). »

Assurément, si les parlemens pouvaient compter sur les secours d'un défenseur, c'était sur
celui de *Target*, qui leur devait toute sa gloire,
sa renommée et sa fortune ; mais sa *reconnais-*
sance ne put pas tenir contre le danger qui menaçait sa chère *constitution.*

Ces paroles qu'il venait d'entendre : « *l'exis-*
« *tence des parlemens est incompatible avec la*
« *constitution*, la constitution ne sera pas solide-
« ment établie tant qu'il existera des parlemens » :
ces paroles, disons-nous, portant la terreur dans

---

(1) On approchait alors de la Saint-Martin, époque de la
rentrée des parlemens. Il y avait urgence ; car si on laissait
les parlemens se réunir , on avait à craindre la reproduc-
tion de l'arrêt du *28 juin* 1593. Ce qui fut toujours un
objet d'effroi pour cette assemblée.

son ame, et l'arrachant à toutes les considérations de gratitude et même de bienséance, il s'élance à la tribune avec la rapidité d'une mère qui va défendre sa *progéniture*, pour appuyer l'*exter-mination des parlemens*, et la nécessité de les tenir provisoirement en *état de vacations* : il obtient enfin le décret.

« Qu'en ATTENDANT l'époque *peu éloignée* où
« l'assemblée nationale pourra s'occuper de la
« *nouvelle organisation* du *pouvoir judiciaire*,

« 1.º Tous les parlemens du royaume coninue-
« ront à *rester en vacances*, et que ceux déjà
« rentrés reprendront l'*état de vacations*;

« 2.º Que toutes les chambres des vacations
« reprendront leurs fonctions, et connaîtront de
« *toutes causes, instances et procès.*, nonobstant
« toutes lois et règlemens contraires, jusqu'à ce
« qu'il ait été autrement statué à cet égard;

« 3.º Tous les autres tribunaux continueront
« à rendre la justice en la manière accoutumée
« (3 novembre 1789). »

Devenus, ainsi, maîtres du champ de bataille, les entrepreneurs de l'*ordre judicaire* se virent à portée de méditer à loisir leur nouveau plan.

La première difficulté qui se présenta fut de savoir si l'*ordre judiciaire* serait entièrement *re-constitué*, ou s'il ne serait que *reformé*.

Thouret, avocat distingué de Rouen, qui entrevoyait qu'une simple *reformation* laisserait encore quelque accès à la conservation des parlemens, se déclara avec violence en faveur de la reconstruction absolue.

Et il fut soutenu par *le côté gauche*, qui s'arma de toutes les déclamations banales contre le danger des *cours parlementaires*.

On trouva dans l'assemblée quelques bons esprits qui, ne partageant pas l'idée d'une *régénération entière*, relevèrent les abus de cette refonte.

« On vous propose, disait M. de Cazalès, de
« détruire l'*ordre* qui existe, pour y substituer
« un *ordre* de choses *tout nouveau* ; on vous pro-
« pose de détruire ces corps antiques qui, liés au
« berceau de la troisième race, ont depuis huit
« cents ans *mérité, par leurs lumières et leurs*
« *vertus, l'amour et la vénération des peuples,*
« *qui, fidèles organes de la loi, ont les premiers*
« *fait respecter les lois, qui ont détruit cette*
« *odieuse aristocratie,* etc. (Moniteur, tome 2,
« page 344). »

D'autres voix s'élevèrent dans le même sens ; mais la partie n'était pas égale. L'*extermination* des parlemens était arrêtée, non qu'elle parût juste, mais parce qu'elle paraissait *nécessaire* au *succès* de la *constitution* qu'on préparait (et c'est le plus bel éloge qui recommande les parlemens à la postérité).

Et par décret du 24 *mars* 1790 il fut déclaré que l'*ordre judiciaire* serait *reconstruit en entier*.

A la faveur d'une pareille latitude , les *travailleurs* laissant marcher leur imagination , conçurent les plans les plus bizarres.

L'un de ces plans était de ne plus rétablir de tribunaux et de se passer de *juges* , en ramenant les choses au point où elles étaient dans l'âge primitif de la création du monde et au *temps patriarchal*.

« Pourquoi, disaient-ils, établir des tribunaux ? « Vous supposez donc qu'il y aura encore des « contestations et des procès ? mais il n'*y a de* « *procès que parce qu'il y a des tribunaux ;* abo-« lissez les tribunaux, il n'y aura plus de procès ; « et, nouveaux Hercules, vous aurez la gloire d'a-« voir purgé le monde de l'hydre dévorant. »

« Désabusez-vous, disait un autre , de la vieille « idée qu'il faut aux citoyens un tribunal régu-« lateur dans la discussion de leur intérêts. Ce qui « *était vrai autrefois , ne le sera plus à l'avenir.*

« Ce qu'on appelle un *procès* est le produit de « l'ignorauce ou de la mauvaise foi , et quelque-« fois de toutes deux ensemble. A l'égard de « l'*ignorance* , elle pouvait , effectivement , se « trouver au milieu d'un amas immense des lois

« gothiques, sur lesquelles il était aisé de se mé-
« prendre ; mais, après le bienfait que nous pré-
« parons à la nation d'un CODE de lois *claires*,
« et en *petit* nombre, accessibles à l'intelligence
« la plus bornée, chacun sera son *propre juge*,
« et nul n'aura besoin du secours d'*hommes de*
« *loi*.

« Il n'y aurait donc à craindre que la *mau-*
« *vaise foi* chez l'une des parties. Ah ! gardez-
« vous de vous prêter à une pareille supposition.
« N'allons-nous pas *régénérer* les mœurs ainsi que
« les lois ? Le code *d'instruction publique*, parvenu
« au même degré de perfection que notre *code*
« *civil*, mettra la *morale* au niveau de la *liberté*.
« Ainsi, en écartant ces deux fléaux, *ignorance*
« et *mauvaise foi*, l'établissement des tribunaux
« devient une superfétation dans le système poli-
« tique, etc.

« Néanmoins, s'il restait encore quelques alter-
« cations sur lesquelles les parties n'auraient pas
« pu s'accorder, n'auront-elles pas les *juges de*
« *paix* du canton, la *voie de l'arbitrage*, la res-
« source des *prud'hommes du voisinage*, qui
« s'empresseront, par des décisions frater-
« nelles, de ramener la paix entre leurs conci-
« toyens ? »

Cette misérable chimère de l'inutilité des tribunaux dans un royaume de vingt-quatre millions

d'hommes n'ayant pas fait fortune auprès d'une assemblée qui (pour cause) voulait des tribunaux, M. *Adrien* DUPORT, jeune conseiller au parlement de Paris, vint mitiger l'exagération de ce système par un *amendement* non moins de ridicule.

Il s'écriait : « Et moi aussi je ne veux pas de « *tribunaux permanens* qui me paraissent le tom- « beau de la *liberté et de l'égalité* ; mais si la « nation n'est pas encore *mûre* pour l'abolition « absolue des tribunaux, qui empêcherait de dé- « tacher, à certaines époques de l'année, dans « les districts, une *commission* d'hommes d'élite « pour expédier *sommairement* les contestations « qui auraient échappé à la conciliation amiable ? « Ces juges, partis de divers points du royaume, « feraient leur tournée dans tous les districts de « leur arrondissement, et videraient, en *dernier* « *ressort*, les procès qui leur seraient présentés, « et qui d'avance auraient été disposés à recevoir « une prompte décision. »

Cette *ambulance* dont M. Duport s'applaudis- sait, comme d'une heureuse conception, n'eut pas un meilleur sort que le premier plan ; et il succomba sous la dérision dont il fut accablé de toutes parts, et surtout par un avocat de *Nancy*, avec la manière originale qui lui était particu- lière.

« Là, disait-il, où il n'y a pas de juges, il
« n'y a pas de justice qui veille. Ainsi la per-
« manence des tribunaux est nécessaire. *L'am-*
« *bulance* dégrade la dignité de juge ; elle est
« contraire à l'économie du temps et à celle de
« l'argent. Du mépris du juge au mépris de la
« justice il n'y a qu'un pas. La justice est une
« espèce de providence : on l'a senti ; on a fait
« du tribunal un sanctuaire, parce qu'on a voulu
« que là où il y avait la justice, là il y eût un
« temple ; les juges arriveront, donc, comme des
« *postillons*, et ils disparaîtront comme des *char-*
« *latans.* Le juge ne doit connaître que l'au-
« dience et son cabinet ; que le travail après le
« travail. Il ne connaîtra que la *course* après la
« *course.* Les *grands chemins* les retiendront bien
« plus long-temps que les *grandes causes;* le
« livre de *poste* sera plus souvent consulté que
« le livre des *lois;* il faudra de bonnes voitures
« pour conduire la déesse. . . . . La justice doit
« être expéditive ; tout le monde en convient :
« avec des juges *ambulans* elle serait à *longues*
« *échéances.* »

Le parti ayant donc été pris de rejeter l'*am-*
bulance, ou s'arrêta à celui de créer, dans le
chef-lieu de chaque district, un tribunal *séden-*
taire, composé de *six juges*, dans les villes dont
la population excéderait 50,000 âmes, et de *cinq*

1790. *juges* seulement pour les villes d'une population inférieure, auprès duquel il y aurait un officier chargé des fonctions du ministère public, sous le titre de *Commissaire du Roi*. (Loi du 16 août 1790.)

C'était déjà ouvrir un accès à plus de cinq mille places (perspective digne de considération).

L'article de *première instance* étant ainsi expédié, il fallut en venir au mode des *tribunaux d'appel* : ce qui fit la matière d'une nouvelle lutte, où l'imagination déploya encore ce qu'il y avait de plus bizarre.

La première question qui s'éleva fut celle de savoir si on devait conserver la *voie de l'appel*, qui paraissait à quelques esprits une invention entachée d'aristocratie.

« En effet, disaient-ils, pourquoi supposer
« chez les uns plus de lumières et de probité que
« chez les autres. Quelle base adoptez-vous, pour
« croire qu'un tribunal du *deuxième degré* jugera
« mieux que celui du *premier degré?* S'il juge
« de même, c'est un surcroît inutile de peines et
« de dépenses. Si le *tribunal d'appel* réforme
« le premier jugement, qui vous assure qu'il a
« mieux jugé ? Entre deux tribunaux qui ont
« jugé en sens contraire, il résulte seulement
« une *neutralisation*, qui exigerait le recours à
« un troisième, pour le départager, à l'instar

« des expertises, etc. » , d'où l'on tirait la consé- 1790.
quence qu'il ne fallait pas de *tribunaux d'appel.*

Ce système , malgré ses absurdités et ses inconvéniens , trouva un grand nombre de par-
tisans ; et une discussion violente s'engagea sur la
question ainsi posée :

« Y aura-t-il plusieurs degrés de juridiction ?
« ou bien : *l'usage de l'appel sera-t-il aboli ?* »

Mais la *voie de l'appel* l'emporta , et l'assemblée déclara « *qu'il y aurait deux degrés de ju-*
« *ridiction ,* sauf les exceptions particulières qui
« pourraient être décrétées , et sans entendre
« rien préjuger en matière criminelle. (1.er mai
« 1790). »

Après quoi, il restait à s'occuper des moyens
d'exécution.

Le plus simple et le plus naturel était sans
doute l'établissement de *cours supérieures* dans
un rayon plus ou moins étendu ; c'était aussi
celui proposé par le *comité de constitution.* Mais
la seule idée de *cours supérieures* jeta l'effroi
dans l'âme des *démocrates,* qui croyaient revoir
la résurrection des parlemens sous une autre
forme. Ils remirent en jeu toute leur artillerie
patriotique , la *liberté,* l'*égalité,* immolées à
l'*aristocratie* des grandes cours , le décourage-
ment des juges de première instance, l'oppression des justiciables , etc.

1790. Adrien Duport se distingua surtout dans cette discussion par la violence de ses opinions sur la nécessité d'exclure du système judiciaire les *cours en permanence.*

« C'est une idée fausse, disait-il, que celle d'é- « tablir un *ordre supérieur de juges.* Dans toutes « les parties du monde, un juge est l'égal d'un « autre juge. Il faut partout qu'un juge soit « éclairé, juste, sage, aimant le travail. La « fonction de juge est toujours la même. Il « n'y a que deux manières de la remplir, *bien,* « *ou mal.* Ainsi tout rapport de supériorité, toute « hiérarchie judiciaire répugnent à la raison. »

Après avoir délayé, dans un long discours, toutes les maximes à l'*ordre du jour,* il finit par faire observer « que chacun voyant sa vie, sa « liberté, son bonheur attachés à l'organisation « de l'*ordre judiciaire,* doit désirer l'avoir aussi « parfaitement qu'il est possible », et il atteste que ce *maximum* de perfection se trouve dans la *proscription des cours d'appel en permanence.*

La cause des cours supérieures fut faiblement défendue par la partie saine de l'assemblée. Le côté droit n'était pas fâché de déjouer l'ambition des *démolisseurs,* qui n'avaient poursuivi avec tant de chaleur la reconstruction de l'ordre judi- ciaire, que pour s'y fabriquer des emplois.

Le résultat de cette discussion fut un décret

qui REJETA la formation de *cours supérieures en* permanence. 1790.

Après une pareille décision, il restait à trouver un mode d'*appel* qui pût se concilier avec l'absence des cours d'appel en permanence.

Le même *Adrien Duport* propose de résoudre le problème, en reproduisant l'idée des *assises* tenues par des juges *ambulans*, c'est-à-dire, le système qui avait été déjà rejeté pour les juges de *première instance*.

La perspective de l'immense *félicité* attachée à ce mode exalta son patriotisme jusqu'au délire.

Il traita l'assemblée de *première assemblée de l'univers ;* il dit que « le parti qu'elle allait pren- « dre sur ce point *fixait les yeux de toute l'Eu-* « *rope ;* que les nations étrangères n'attendaient « que l'admission de ces *assises* pour proclamer « la France *la reine des nations*, et que l'Angle- « terre, en voyant admettre ce mode, *rugirait* « *de rage d'avoir perdu le droit de nous mé-* « *priser.* »

Néanmoins ces emphatiques puérilités, accompagnées de tout le charlatanisme de la déclamation, ne parvinrent pas à deguiser tout ce que cette *ambulance* avait de ridicule, et l'on vit reparaître les mêmes objections qui avaient déjà coulé à fond les ambulances de *première instance*.

1790. La *sédentarité* des juges d'appel fut décrétée.
——— (3 mai 1790.)

Mais comment concilier le système des juges d'appel *sédentaires* avec l'exclusion des juges d'appel en *permanence*. La *sédentarité* et la *permanence* ne semblaient-elles pas se rattacher l'une à l'autre d'une manière inséparable ? Mais les grands faiseurs de l'assemblée avaient sous la main un plan d'appel qui levait la difficulté; c'était de convertir les tribunaux de *première instance* en *juges d'appel* les uns sur les autres; idée bizarre, hors de toute raison, et qui ne pouvait être que le produit de la manie des nouveautés. Cette combinaison, après avoir été inondée, pendant plusieurs jours, dans un long parlage, parvint à se faire adopter.

L'assemblée nationale décrète, « que les juges « de district seront juges d'appel les uns à l'é- « gard des autres, suivant les *rapports* qui seront « déterminés ci-après. » (Décret du 23 *juillet* 1790).

Ces *rapports* furent réglés par le décret du 16 *août* suivant, ainsi qu'il suit :

Le directoire du département formait un tableau des tribunaux les plus voisins du district, approuvé de l'assemblée nationale, ensuite déposé au greffe et affiché dans l'auditoire. Cette

indication devait offrir, au moins, *un tribunal* 1790.
hors du département.

Dans le cas d'appel, les parties pouvaient convenir d'un tribunal, entre ceux de tous les districts du royaume, pour lui en déférer la connaissance, en en faisant la déclaration au greffe.

A défaut de cette conciliation, lorsqu'il n'y avait que deux parties, l'*appelant* pouvait exclure péremptoirement, et sans en donner aucun motif, *trois* des *sept* tribunaux compris au tableau.

Libre à l'*intimé* de proposer une semblable exclusion de trois tribunaux portés sur le tableau, et le septième tribunal échappé à l'exclusion était constitué tribunal d'appel sur l'affaire qui lui était dévolue.

Quand il y avait plusieurs parties qui, toutes, avaient droit d'exclure, ce droit s'exerçait dans des proportions désignées, de manière qu'il restât toujours un septième tribunal pour tribunal d'appel.

Ainsi chaque tribunal de district confondait en soi-même deux qualités : celle de *première instance* et celle de *tribunal d'appel ;* à la différence que la première était ostensible et inhérente, lorsque l'autre était cachée, invisible, passagère, et ne se révélait que par le choix des parties.

Chaque tribunal de district renfermait deux puissances et deux facultés : d'*agent* et de *patient.* Il

1790.

réformait et était *réformé*. Il rendait à un tribunal de district, le *lendemain*, l'humiliation qu'il avait reçue la *veille*, à moins qu'il ne s'établît, entre les tribunaux de district, un accord secret de se confirmer mutuellement, pour conquérir, par cette voie, l'avantage des juges souverains ; combinaison astucieuse, qui fut hautement proclamée à la tribune au nombre des dangers attachés à ce mode d'appel.

(L'expérience en a, depuis, appris bien au-delà de ce qui avait été prévu).

Au milieu de ces systèmes réformateurs sur l'ordre judiciaire, il s'en introduisit un autre, par forme d'*incident*, sur la date des lois et des jugemens.

Depuis le commencement de la monarchie, on n'avait employé que la date de l'*ère chrétienne* ; mais il parut aux républicains de l'assemblée que le temps était arrivé de secouer cette formule servile, pour lui substituer l'*ère* de la liberté conquise. La difficulté ne subsista plus que sur le point du départ, et sur la vérification du moment où cette précieuse *liberté* s'était montrée au monde français. Il y avait partage d'opinions.

Les uns prétendaient prendre la date de la liberté dès l'ouverture des États-généraux, c'est-à-dire, du 5 mai 1789. D'autres préféraient le 17 juin, jour auquel le tiers-état s'était déclaré *assemblée* 1790. *nationale* ; d'autres réclamaient la brillante jour- ——— née du 20 juin, et dans le *jeu de paume* de Ver- sailles ils voyaient la *crèche* de la liberté.

Mais ces prétentions vinrent échouer contre la glorieuse journée du 14 juillet 1789, où la *prise de la Bastille* annonçait sans doute un grand acte de liberté.

Cette époque l'emporta, et il fut arrêté que désormais tous les actes civils, judiciaires et di- plomatiques porteraient l'inscription de *l'ère de la liberté;* que l'année écoulée entre le 14 juillet 1789 et le 14 juillet 1790 serait signalée *AN premier de la liberté*, et que la seconde année partirait du 14 juillet 1790, ainsi de suite. Ordre aux tri- bunaux, greffiers, notaires, administrateurs, de se conformer à cette indication dans la date de leurs actes.

Dès le 14 juillet 1790, le *Moniteur*, journal officiel, ne manqua pas de dater ainsi son nu- méro 195 :

« Mercredi 14 juillet 1790, 1.er *jour de la se- « conde année de la liberté.* »

Et cette date fut continuée pendant toute la durée de l'assemblée constituante, et quelques mois encore après, jusqu'au moment où l'assem- blée législative, honteuse elle-même d'une date

1790. aussi scandaleuse, la supprima par son décret du 2 janvier 1792 (1).

Cette innovation sur l'ère française n'empêcha pas qu'on ne reprît la discussion sur l'ordre judiciaire et le deuxième mois de la seconde année de la liberté (cela veut dire le mois d'août 1790.) Toutes les dispositions partielles de cette organisation furent raccordées et rassemblées dans le décret du 20.me jour du 2.me mois de la seconde

---

(1) Ce décret, en laissant subsister l'ère de la liberté, la fit remonter au 1.er janvier 1789, sur le motif que toute l'année devait être admise à l'honneur d'avoir donné naissance à la liberté (Voyez le N.o 4 du *Moniteur*, 2 janvier 1792, 3.e année de la liberté). Ce qui rendait la liberté plus vieille de six mois.

Mais la liberté perdit bientôt le privilége exclusif de donner son nom à l'*ère française*; et, après la journée du 10 août, elle fut obligée de recevoir l'association de l'ère de l'*égalité*, de manière que l'année 1792 offrait une double computation, l'an 4.e de la *liberté* et l'an 1.er de l'*égalité*; mais ces deux *ères* furent à leur tour supplantées par l'*ère de la république*, qu'on fit commencer au 21 septembre 1793.

Au surplus, l'*ère de la république* ne fut pas plus stable que les deux autres; et, le 5 octobre, intervint une autre loi qui reporta l'*ère républicaine* au 1.er janvier 1793, et ordonna que tous les actes passés dans le courant du 1.er janvier 1793 au 22 septembre seraient regardés comme appartenans à la 1.re année de la république.

année de la liberté (correspondant au 24 août 1790.
1790).

Ce décret fut suivi d'un décret additionnel du
2 septembre, sur le mode d'élection et sur le costume des nouveaux juges.

C'est le même décret qui abolit l'*ordre* des
avocats, et les dépouille de leur nom et de leur
costume. (art. 9.)

Enfin arriva, le 7 septembre, un décret défi-
nitif, qui confirma l'abolition des parlemens en
ces termes :

« Au moyen de la nouvelle institution et or-
« ganisation des tribunaux pour le service de la
« justice ordinaire, tous ceux actuellement exis-
« tans sous les titres de vigueries, châtellenies,
« prévôtés, vicomtés, sénéchaussées, bailliages,
« châtelets, présidiaux, conseil provincial d'Ar-
« tois, conseils supérieurs, parlemens, et géné-
« ralement tous autres tribunaux d'ancienne créa-
« tion, sous quelque titre et dénomination que ce
« soit, demereront supprimés (art. 14) ».

L'art. 15 enjoint « aux officiers des parlemens,
« tenant les chambres des vacations établies par
« le décret du 3 novembre précédent, de cesser
« leurs fonctions, à Paris, le 15 *octobre* suivant,
« et, dans le reste du royaume, le 30 septembre.

« Ordre aux officiers municipaux des lieux où
« les parlemens étaient établis, de se rendre en

1790. « corps au Palais, à l'heure de midi, où le gref-
« fier de l'ancien tribunal sera tenu de se trouver,
« et après avoir fait fermer les portes des salles,
« greffes, archives et autres dépôts de papiers
« ou minutes, feront apposer, en leur présence,
« le scellé par le secrétaire-greffier. Pour la sû-
« reté du dépôt, ils requerront, en outre, du
« commandant soit des troupes de ligne, soit des
« gardes nationales, le detachement nécessaire
« à la garde des portes extérieures. (art. 16.)

« Les officiers des autres tribunaux sont tenus
« de continuer leurs fonctions jusqu'à ce que
« les nouveaux juges puissent les remplacer.
« (art. 17). »

Pendant que ces décrets d'extermination se
formaient au sein de l'assemblée, le *parlement*
ne s'occupait qu'à finir honorablement sa carrière
et à illustrer ses derniers momens par une noble
et ferme contenance.

La chambre des vacations qui, suivant le décret du 3 novembre 1789, était investie de toutes
les attributions des autres chambres, se prêta,
avec une généreuse résignation, au nouveau mode
d'instruction criminelle introduit provisoirement
par le décret du 9 octobre, quoiqu'il fût en opposition ouverte avec les anciens usages du parlement.

Les audiences au civil continuèrent avec la

même régularité que dans les plus beaux jours 1790. du parlement.

Groupés autour de cet auguste corps, les avocats s'empressaient de le combler de soins, de respect et de témoignages de sensibilité, attendant avec effroi l'heure fatale qui allait briser une alliance de cinq siècles.

Cette heure sonna le 14 *octobre* 1790, jour mémorable dans les fastes du Barreau, et qui n'eut pas de lendemain.

Le 15, MM. Bailly et de La Fayette et le secrétaire-greffier de la municipalité, escortés d'un fort détachement de la gendarmerie, se transportent au Palais, où ils procèdent au scellé dans les formes prescrites par le décret du 7 septembre.

Paris avait été divisé en six arrondissemens, ayant chacun un tribunal de 1.re instance. Le reste du mois d'octobre fut employé à choisir des localités et des emplacemens pour les tribunaux. Cette opération ayant été consommée, il fut question de procéder à l'élection des nouveaux juges, par le ministère des électeurs spéciaux.

Un décret du 3 novembre ordonna la réunion de ces électeurs, pour le lundi 8 du même mois, au lieu indiqué par le procureur de la commune.

Comme cette élection entraînait beaucoup de temps, le besoin se fit sentir d'une mesure ur-

1790. gente pour l'exécution des procès du grand criminel, et pour vider les prisons qui se trouvaient encombrées d'une redoutable population qui menaçait Paris du plus grand danger.

Dans cet embarras, on n'imagina rien de mieux que de saisir au passage chaque juge, à mesure qu'il serait élu, pour l'encadrer, de suite, dans un tribunal provisoire, dont l'attribution serait de juger les procès criminels seulement.

Ce fut l'objet du décret du 1.er décembre 1790.

Par le résultat de ce mode d'élection, le sort tomba sur :

MM. Agier, *président.*	Oudart.
Morel de Vindé.	Vermeil.
Bigot de Préameneu.	Lavigne.
Minier.	D'Aulgy.
Récollène.	M. de La Saudade, *accusa-*
Garan de Coulon.	*teur public.*

Ce tribunal tint ses séances au Palais, dans la chambre Saint-Louis.

L'élection de trente juges des six tribunaux civils de Paris étant épuisée, les juges se distribuèrent dans ces tribunaux (1).

____

(1) On trouve cette distribution dans l'*Almanach Royal* de 1792, pag. 315.

Avant leur installation , l'assemblée électorale se crut obligée de donner à l'assemblée nationale communication de son choix ; espèce d'*investiture* qui devait les rendre plus dignes de la confiance du public.

La députation , ayant à sa tête Kersaint , fut admise à la barre de l'assemblée , dans la séance du soir du 14 décembre 1790.

Kersaint ne dit que quelques mots , en annonçant qu'il avait remis à son collègue , *Mauduit Larive*, l'honneur de prononcer l'adresse du corps électoral.

On connait la célébrité de *Larive*, premier acteur du Théâtre-Français , et désigné généralement par le surnom d'*Orosmane*, rôle qu'il remplissait en perfection.

L'adresse était de la façon de Kersaint , qui avait pris plaisir à en faire une espèce de mystification tant pour l'orateur que pour l'assemblée , à force d'exagérations , d'hyperboles , d'expressions amphigouriques et de contre-vérités malignes.

L'acteur débita fort bien sa lecture , où l'on trouvait , entre autres choses , « que les juges qui « venaient d'être élus étaient l'*élite* de juges pris « dans l'*élite* des Français. »

Et il couronna les puérilités dont le débit lui avait été confié par celle-ci , qui vaut toutes les

1791. autres. « Le plus hardi des géomètres disait :
« Donnez-moi de la matière et du mouvement,
« et je crée un monde ; il dirait aujourd'hui :
« donnez-moi les hommes de l'assemblée consti-
« tuante et la constitution française , et je crée
« une nation. » (*Moniteur* du 15 décembre 1790,
N.º 350.)

C'était, sans doute, une forte inconvenance
d'employer un *comédien* pour l'organe de l'assemblée électorale dans une matière aussi
grave ; mais Kersaint , l'auteur de cette facétie,
avait trouvé plaisant de voir la *souveraineté du
peuple, la liberté, l'égalité et la constitution,*
prêchées par le *grand-turc* , et la pureté de la religion catholique vantée par un *excommunié ;* et
peut-être aussi eut-il la maligne intention de faire
entendre la belle déclamation de Larive à un as-
semblage d'autres grands *acteurs* qui , depuis si
long-temps , ne s'occupaient que de déclamations.

L'emplacement choisi, le *costume* arrêté et les
juges nommés, il ne restait plus qu'à installer
chaque tribunal dans le local qui lui avait été
assigné , et cette installation eut lieu le 25 *mars*
1791.

La MUNICIPALITÉ fit les honneurs de cette cérémonie , qui , d'ailleurs, ne fournissait pas aux
regards du public un spectacle bien pompeux , ni

du côté du *costume* des installés, ni par le *décor* des tribunaux.

A l'égard du *costume* des juges, le décret du 2 septembre 1790 le réduisait à l'obligation d'un *habit* et d'un *manteau noirs*, sans même étendre cette couleur au *surplus de l'habillement*, que le juge pouvait chamarrer de toutes autres couleurs, si bon lui semblait.

L'article 10 du même décret ajoute seulement les frais d'un *chapeau rond*, relevé par-devant et surmonté d'un panache de *plumes noires*.

Le *commissaire du Roi* (qui représentait l'avocat du Roi ou l'avocat-général, suivant la nature de la cause) n'avait d'autre différence qu'un *bouton* et une *ganse d'or* sur le *retroussis du chapeau*. Pour le *greffier*, *habit* et *chapeau* comme les juges, mais point de *plumes* au chapeau. Ainsi, par une bizarrerie de cet accoutrement, il n'y avait que le *greffier* qui fût sans *plumes*.

Assurément, s'il entre dans la dignité des tribunaux de parler aux yeux, *l'assemblée* avait établi ce langage à bien peu de frais.

Au surplus, le *local* était à l'avenant du *costume* et tous deux en parfaite harmonie.

C'était, pour l'un, une salle de réfectoire ; pour l'autre, celle d'un dortoir ; celui-ci était

1791. établi dans une vieille école; celui-là dans une grange. Toutes ces pièces étaient prises sur les *couvents supprimés* ; comme s'il eût été de la destinée de ces nouveaux juges de ne s'établir, au *moral* comme au *physique*, que sur des débris.

L'installation de ces *six tribunaux* ayant désorganisé le *tribunal criminel provisoire*, un décret du 13 mars 1795 le remplaça par *six autres tribunaux criminels*, composés de *sept membres* chacun, à l'effet de juger tous les procès criminels existans avant le 15 janvier 1791.

L'appel suivait le même mode qu'en *matière civile*, c'est-à-dire de l'un de ces tribunaux à l'un des cinq autres, en y ajoutant deux des tribunaux civils de Paris, indiqués par le directoire du département.

Ces *six tribunaux* se composèrent aux dépens des tribunaux voisins, qui envoyèrent chacun un de ses membres à Paris.

L'accusateur public et le *greffier* étaient à la nomination du tribunal, et le *commissaire seul* à la nomination du Roi.

Ces six tribunaux furent distribués dans l'enceinte du Palais.

A l'égard des membres qui le formèrent, nous nous bornerons à indiquer ceux qui appartenaient à l'ancienne magistrature et au tableau de 1789 (1).

Les *six tribunaux civils* de Paris eurent d'abord quelque peine à rallier leurs justiciables. Le discrédit d'une origine illégitime, et qui portait les caractères de l'usurpation, éloigna beaucoup d'officiers ministériels de l'ancien barreau. Il y eut même un grand nombre de parties, soit dans l'espoir du retour au parlement, soit par antipathie pour le nouvel ordre de choses, refusèrent d'y comparaître. Mais ce balancement fut de peu de durée. Le bon choix des juges qui, pour la majeure partie, offraient des hommes du plus grand

---

(1) 1.er TRIBUNAL. MM. Le Pelletier de St.-Fargeau.
De Ferrière.
Savy, *accusateur public.*
2.e TRIBUNAL. Pulleu.
Moreau.
La Saudade, *commissaire du Roi.*
3.e TRIBUNAL. Brière de Mondetour.
Thiria.
Robert.
Faure, *commissaire du Roi.*
4.e TRIBUNAL. Joseau, *commissaire du Roi.*
Cellier, *accusateur public.*
5.e TRIBUNAL. Laurens, *commiss. du Roi.*
Moreau, *accusateur public.*
6.e TRIBUNAL. Royer, *commissaire du Roi.*

mérite, la sagesse de leurs décisions, ne tardèrent pas à les réconcilier avec le public.

Dès que la première répugnance eut été surmontée, ces mêmes tribunaux acquirent une activité prodigieuse, qui s'explique aisément.

Douze tribunaux civils et criminels réunis sur un même point; trois mille lois nouvelles, équivoques dans leurs dispositions, incohérentes et souvent contradictoires, et qu'il fallait accorder non-seulement entre elles, mais encore avec celles de l'ancien régime, qu'on laissait subsister; la hiérarchie mal établie des tribunaux d'appel, leur croisement, des doutes, des tâtonnemens perpétuels dans l'exécution, des principes nouveaux, leur mélange avec les anciens, l'incertitude de ce qui restait à conserver, voilà, sans doute, des élémens assez féconds pour peupler les tribunaux et occuper les cabinets.

Cet état de choses eut même l'avantage de fournir une foule de questions du plus haut intérêt, qui appelèrent à ce nouveau barreau des avocats qui avaient illustré l'ancien.

Sans doute ce dut être une grande affliction pour ces avocats de se voir transférés de la plus auguste cour du royaume dans un réfectoire de moines mendians ou dans un dortoir de nonnes; mais la douleur de ce souvenir fut tempérée par

la considération que, dans ces nouveaux juges,
ils retrouvaient leurs anciens *confrères*.

Le reste de l'année 1791 jusqu'à la clôture de l'assemblée constituante ne nous offre qu'un événement qui puisse intéresser l'ancien Barreau, dans la personne d'un de ses membres les plus distingués : je veux parler de *Tronchet*.

On se rappelle que, détenu dans le château des Tuileries, sous les yeux de l'assemblée nationale et à la garde de M. de La Fayette, le Monarque infortuné avait trouvé, dans la nuit du 20 au 21 juin 1791, le moyen de tromper la surveillance de ses gardiens. L'histoire conserve assez les détails de cet événement, sans qu'il soit besoin de les rappeler ici. La fortune ne favorisa pas cette tentative, et ne répondit pas aux vœux des fidèles sujets du Roi.

La famille royale ayant été arrêtée au milieu de sa course et reconduite au palais des Tuileries en état de captivité, l'assemblée nomma trois commissaires pris dans son sein, pour recevoir la déclaration du Roi et de la Reine.

Tronchet eut le malheur d'être l'un des trois ; mais on doit lui rendre la justice qu'il se tira avec le plus grand succès d'un pas aussi périlleux. Les formes les plus respectueuses furent

1791. mises en œuvre pour déguiser au Monarque l'insolence de cette mission. La distance entre le souverain et le sujet fut rigoureusement observée. Tronchet se sépara du Monarque, honoré de sa confiance, qui se manifesta, dix-huit mois après, d'une manière solennelle.

Le terme assigné pour la dissolution de cette assemblée arriva enfin le 30 *septembre* 1791.

Après *vingt-neuf mois* de ravage et de démolitions, elle se sépara, laissant pour remplacement de ses subversions un monceau de 3428 lois. (*Voyez le Journal de Paris*, an 6, N° 241) et une production déplorable, sous le titre de Constitution de 1791, « dont elle remit le dépôt à « la fidélité du corps législatif, *du Roi*, des juges, « à la vigilance des pères de famille, aux époux « et aux mères, à l'affection des jeunes citoyens, « et au cœur de tous les Français. » Disposition qui n'était autre chose qu'une invitation à la guerre civile, en opposant d'avance les citoyens les uns aux autres.

Cette assemblée déclara aussi que la *révolution était finie*, au moment où elle léguait à ses successeurs tous les moyens de l'éterniser.

Assemblée beaucoup trop exaltée pour ses talens, et qui doit être placée au rang des plus

cruelles calamités qui aient désolé la France depuis les premiers âges de la monarchie (1).

---

(1) Le départ de cette assemblée fut un soulagement pour les deux partis. En emportant l'indignation des vrais amis de la monarchie, elle eut la maladresse de se couvrir du mépris des démagogues qu'elle avait elle-même créés, et qui applaudirent avec transport à sa dissolution. Un des journaux du temps s'exprime ainsi :

Du 2 octobre 1791. « Enfin ils sont partis ! grâces en
« soient rendues au génie qui veille encore sur la France !
« Ils sont partis, ces mandataires infidèles, chargés d'or
« et de malédictions ! . . . . .

« Nains malfaisans, la soif de l'or vous a tourné la tête ;
« la soif des honneurs vous a ravi l'honneur, etc. »

(Révolut. de Paris , N.° 116.)

Sous le nom d'*assemblée nationale* de 1789 n'entendez jamais l'*universalité* de ses membres, mais seulement cette portion désorganisatrice qui avait pris à tâche de faire prévaloir ses conceptions *idéologiques*, et ses *théories philanthropiques* sur nos antiques institutions.

Exceptez-en, avec grand soin, l'autre portion composée d'hommes du plus grand mérite, qui n'ont cessé de lutter avec courage contre les novateurs, et qui, aujourd'hui, en reçoivent la récompense par la considération générale.

CHAPITRE II.

RELEVÉ de quelques lois relatives à l'Ordre judiciaire.

DANS cette prodigieuse quantité de décrets (1), ouvrage de 1200 législateurs, on aurait dû naturellement s'attendre à voir sortir quelque conception heureuse qui donnât à l'ordre judiciaire un caractère de perfection, supérieur à tout ce qu'on avait connu jusqu'alors : mais cette espérance fut bientôt déçue : on ne fut pas long-temps à reconnaître la manie de détruire, jointe à

---

(1) Les 4328 lois ou décrets fabriqués dans cet atelier politique peuvent se partager en deux classes; l'une composée de lois subversives, et dont, malheureusement, l'effet est irréparable. —

La seconde division offre les lois réformatrices de leur invention. De celles-ci, il n'est resté que quelques fragmens qui, grâces à leur teinte révolutionnaire, ont été jugées dignes d'être encadrés dans les Codes.

Quant au surplus, il a tout-à-fait disparu, et ne se conserve que dans les recueils, monumens de l'incapacité turbulente de leurs auteurs.

l'impuissance de reconstruire. Leur sagacité ne 1791.
se montra que lorsqu'il fut question de démo-
lir : alors ils firent preuve de *savoir-faire*.
Avec quelle pénétration ils choisirent leurs
mesures pour saper dans leurs fondemens les
institutions les plus antiques et les plus vénérées !
Quelles recherches pour l'avilisssement des grands
corps de magistrature, l'abaissement de l'autorité
paternelle, le mépris de la religion, la rupture de
tous les liens sociaux !

Mais aussi, quand il fut question de rebâtir
sur le *sol déblayé*, quelle absence de jugement !
quelle stérilité d'invention ! quelle mesquinerie
dans les plans ! quelle imprévoyance pour l'exécution !

Ce que je dis ici s'applique à *l'ordre judiciaire*,
objet de cet ouvrage, mais je ne doute pas que
les autres parties de la législation ne méritent le
même jugement. Au surplus, quelques exemples
pris parmi les lois les plus vantées mettront à portée d'apprécier les autres.

9 *Octobre* 1789, *Décret sur la réformation*
de la Procédure criminelle.

Au premier aspect, ce décret présente un acte
de sollicitude honorable d'intérêt public, en intro-
duisant une réforme depuis long-temps recla-

1791. mée, telle que la *publicité* de l'instruction et de l'admission *d'un conseil.*

Mais quand on vient à considérer la date de ce décret, son apparition subite, la nature de certaines dispositions, on entrevoit que cette explosion de philanthropie cachait quelques vues particulières qui rabattent de beaucoup la reconnaissance de ce bienfait.

En effet, le décret est à *trois jours* de date des journées désastreuses des *cinq et six octobre* 1789.

L'indignation générale d'un pareil attentat réclamait à grands cris une *poursuite criminelle* qui servît à révéler et à punir les coupables.

C'est précisément ce moment-là que l'assemblée choisit pour amortir les forces de l'instruction criminelle, par une foule de formalités jusqu'alors inconnues, ou tombées en désuétude ; telles que le concours *de deux notables adjoints* auxquels on laisse la liberté de contrarier les juges dans l'audition des témoins, et de se mêler eux-mêmes dans le mode de *l'information* et de *l'interrogatoire.*

Il y a dans ce décret une disposition qui seule suffirait pour déceler l'intention secrète de sauver quelques grands personnages : c'était l'abolition de *l'interrogatoire sur la sellette.*

Plusieurs autres dispositions, inaperçues au premier coup-d'œil, donnèrent depuis la preuve

que cette réforme était faite moins pour les accusés en général que pour *tels et tels* qui pouvaient
être mis en accusation.

21. *Janvier* 1790. DÉCRET *qui abolit la* FLÉ-
TRISSURE DES FAMILLES , *et introduit l'*UNI-
FORMITÉ DES PEINES *pour le même crime ,
sans distinction de rang et de l'état des coupables.*

Voilà encore un de ces décrets qui sous l'apparence d'*intérêt public* doit sa naissance à un *intérêt privé*, et cette dernière considération est
peut-être nécessaire pour excuser ses dispositions.

En effet, comment serait-il venu à l'idée de
gens de bon sens que *quatre lignes de décret*
suffiraient pour étouffer un sentiment naturalisé dans le sein des familles, et qui tient au
berceau de la monarchie ? Comment n'ont-ils pas
senti que la *loi* ne change pas les mœurs d'une
nation, et que c'est, au contraire, les *mœurs*
nationales qui président aux lois.

Ce *préjugé* (si toutefois on peut l'appeler de ce
nom) se trouvait étayé par l'*opinion publique ;* et
s'il avait eu la force de se maintenir contre les déclamations philosophiques qui, depuis long-temps,
se déchaînaient contre lui , comment pouvait-on

1791. imaginer qu'il s'évanouirait devant un *décret* ? C'est méconnaître le caractère de la loi, que d'en faire une contre *l'opinion publique*, qui est hors du domaine de la loi ; et si, le lendemain de ce décret, on eût proposé à l'un de ces douze cents philosophes de prendre *femme*, ou un *gendre*, ou une *brue*, dans une famille où il y aurait un *roué* ou un *pendu*, ou seulement un *galérien*, on aurait vu le *philosophe* reculer à cent lieues.

Je vais moi-même venir au secours de ce décret, en révélant les motifs *secrets* qui le provoquèrent. C'est encore (comme dans le décret du 9 octobre 1789) quelque *personnage* qui en était l'objet.

A cette époque, se trouvaient dans les prisons du grand Châtelet deux frères, jeunes gens de vingt à vingt-cinq ans, pour crime de *fabrication d'ACTIONS de la caisse d'escompte.*

Poursuivis avec acharnement par M. Necker, tout leur présageait une fin sinistre et ignominieuse.

Ces deux jeunes gens appartenaient à une famille honorable de Paris, dans ce qu'on appelait la *bonne bourgeoisie* ; de ces familles implacables, sur le point d'honneur, et qui comptaient plusieurs siècles d'une existence pure et sans tache.

Le péril imminent de cette *noblesse morale* mit

toute la famille en mouvement, et inspira un intérêt général.

Au nombre des amis de cette famille se trouvait le docteur *Guillotin*, qui, partageant sa désolation, entreprit de lui sauver au moins l'affliction de la tache héréditaire.

A cet effet, il s'empresse de produire à la tribune un projet de loi où il se proposa deux objets :

D'abord, d'éluder l'ignominie de la *potence*, en
en substituant la *décapitation*, genre de supplice
qui n'entraînait aucune tache, ni sur la mémoire
du condamné, ni sur sa famille, en ces termes :

« Dans tous les cas où la loi prononce la peine
« de mort contre un accusé, le supplice sera le
« *même*, quelle que soit la nature du délit ; le cri-
« minel sera *décapité* par l'effet *d'un simple mé-*
« *canisme*. (*Moniteur du lundi* 24 *janvier* 1790,
« n° 35.)

Le second moyen (qu'il tenait en réserve pour
le cas de non réussite du premier) était une disposition législative, portant :

« Que les crimes et les délits étant personnels,
« le supplice d'un coupable et les condamnations
« *infamantes quelconques* n'imprimaient *aucune*
« *flétrissure à sa famille ;* que l'honneur de ceux
« qui lui appartenaient n'était nullement com-

1791.

« promis, et que tous continueraient d'être *ad-*
« *missibles à toutes sortes de professions, d'emplois*
« *et de dignités.*

Il ajoutait aussi « que le corps du *supplicié* se-
« rait délivré à sa famille, si elle le demandait,
« et que, dans tous lescas, il fût admis à la sépul-
« ture ordinaire, et qu'il ne fût fait sur le registre
« aucune mention du genre de mort. »

On voit assez que toutes ces mesures étaient
préparées dans l'intérêt de la famille.

Il y avait urgence ; car les deux frères venaient
d'être *condamnés* par le Châtelet, et, d'un moment à l'autre, l'arrêt confirmatif pouvait intervenir au Parlement.

Mais quelqu'empressement que le docteur *Guillotin* pût mettre à faire adopter ce décret, il n'ob-
tint que les premiers articles ; le décret du 20
janvier, en adoptant la presque totalité du projet, prononça l'ajournement sur la *décapitation,*
et la famille eut l'affliction de voir les deux jeunes
gens périr sous l'action de l'ancien régime.

19 *juillet* 1790. DÉCRET *portant suppression
des retraits lignagers.*

Ces retraits occupaient peu les tribunaux, et
leur suppression, sous ce rapport, fut un bien
mince triomphe sur la procédure. Mais il y avait

alors quelqu'un de marquant dans le parti révo- 1791.
lutionnaire qui, menacé d'un retrait, voulait se
mettre à l'abri de ce danger, par une loi aboli-
tive, mesure tout-à-fait commode, et qui ne manqua pas d'être appuyée sur des motifs *d'intérêt
public.*

Véritable illusion que cette considération d'intérêt public !

Le *retrait lignager* était un acte par lequel un
parent rappelait dans la famille un immeuble
qu'un autre parent venait de transporter dans une
famille étrangère. Ce sentiment d'affection pour
le bien de ses aïeux n'avait rien que de louable,
et il faut même qu'il soit imprimé par la nature,
puisque les *retraits* datent de la plus haute anti-
quité, et qu'on les retrouve chez presque toutes
les nations de l'Europe.

Au surplus, c'était une mesure bien inutile, car
l'assemblée s'y prenait de manière à faire passer
l'envie des *retraits* (1).

---

(1) Nons nous bornons ici à ce petit nombre d'exemples ;
mais le Chap. VI, *infrà*, complètera la matière.

CHAPITRE III.

MAGISTRATS dignitaires dans l'intervalle du 5 mai 1789 au 1.er octobre 1791.

CET intervalle doit se partager en deux époques; savoir :

1.º Du 5 *mai* 1789 jusqu'à la suppression du Parlement. (30 septembre 1790.)

2.º Du 1.er *octobre* 1790 au 1.er *octobre* 1791. (clôture de l'Assemblée constituante.)

SECTION PREMIÈRE.

Depuis le 5 mai 1789 jusqu'à la suppression du Parlement.

§. Ier

CHANCELIER.

René-Nicolas-Charles-Augustin de MAUPEOU.

Quoiqu'il fût sans fonctions, il conservait les honneurs et le titre de Chancelier.

§ II.

Garde des Sceaux.

Charles-François-Louis Depaule de BARENTIN **,** 1791.

Avocat-général au Parlement, ensuite *premier président* à la cour des aides.

Il succéda le 14 *octobre* 1788 à M. *de Lamoignon,* dans la dignité de *garde des sceaux* , et ouvrit les Etats-Généraux de 1789.

Après avoir subi les premiers orages de l'As-semblée *constituante,* il fit au Roi le sacrifice de sa place, au commencement d'août 1789, après huit mois d'exercice.

Nous verrons ce magistrat reparaître en 1814, avec le titre et les honneurs de *Chancelier.*

3 *août* 1789. — *Jérôme-Marie* CHAMPION DE CICÉ, archevêque de Bordeaux.

Député aux Etats-Généraux (convertis depuis, en *assemblée nationale*), attaqué comme ses col-lègues de la manie de la réformation, ce prélat s'était rangé sous la bannière des *penseurs,* et pu-bliait journellement des *mémoires* sur beaucoup d'objets qui semblaient étrangers à son état, et notamment sur la *procédure criminelle.*

Après la retraite de M. de Barentin, le Roi crut faire un acte de bonne politique de l'appeler à la

1791. place de *garde des sceaux* ; mais ses talens ne répondirent pas à ses prétentions, et il ne tarda pas à se montrer au-dessous de sa place.

Ayant trouvé le moyen de mécontenter tous les partis, criblé de *dénonciations* et de reproches, il n'eut d'autre ressource que de remettre les sceaux entre les mains du Roi, après quinze mois d'exercice :

Il fut remplacé par M. *Duport du Tertre.*

Novembre 1790. *Marguerite - Louis - François* Duport du Tertre, avocat au Parlement de Paris.

Duport fut un des avocats du *tableau de* 1789 qui se laissèrent éblouir par l'illusion d'une réformation dans les intérêts de la nation et de la *monarchie.*

Une fois qu'il eut mis la main à cette infernale machine, il fut emporté par sa violence vers les fonctions municipales, où il occupa la place de *Lieutenant de Maire,* et, ensuite celle de *Procureur-syndic de la commune.*

Il remplit ces deux places à la satisfaction générale, à une époque critique, où il était si difficile de se maintenir intact.

M. de La Fayette, alors commandant de la garde nationale, l'ayant fait connaître au Roi sous un rapport honorable, S. M. le nomma, le 12

novembre 1790, garde des sceaux, après la dé—
mission de M. Champion de Cicé.

Il conserva sa place pendant la durée de *l'Assemblée constituante*, et nous le retrouverons sous *l'Assemblée législative.*)

§. III.

Présidens du Parlement dans l'intervalle du 5 mai 1789 au 15 octobre 1790.

Jean - Baptiste - Gaspard Bochard de Saron. (*premier.*)

Ce magistrat avait succédé, en 1789, à M. Etienne-François *d'Aligre.*

M. *Bochard* descendait de ce *Bochard*, cé-
lèbre avocat sous François Ier, qui plaida avec tant d'énergie pour l'Université de Paris contre l'enregistrement du *concordat.*

M. *Bochard de Saron* jouissait de l'estime générale, non-seulement comme magistrat, mais comme savant. Il avait été reçu à l'académie des sciences en 1779, et s'occupait spécialement du calcul des comètes, pour lequel il avait des dispositions particulières. Il périt à l'âge de 60 ans, le 1er *floréal an* 2 (20 avril 1794), victime de ce tribunal de sang qui ne respectait ni la science, ni la vertu.

1791.

M. *Bochard de Saron* fut le dernier magistrat revêtu du titre de premier président. La dénomination de *premier président* fut instituée en 1440 pour *Simon de Bucy*, qui périt assassiné au milieu d'une émeute révolutionnaire.

Ainsi une malheureuse fatalité marqua du sceau du crime l'ouverture et le terme de cette dignité.

Armand - Guillaume FRANCOIS DE GOUR-GUES.

Louis LE PELLETIER DE ROSAMBO.

Omer JOLY DE FLEURY.

Pierre GILBERT DE VOISINS.

Anne-Louis PINON.

Anne - Louis - François - de - Paule LEFEVRE D'ORMESSON DE NOISEAU.

Edouard-François-Matthieu MOLÉ DE CHAM-PLATREUX.

Cette portion de ce que la haute magistrature offrait de plus respectable tomba (à l'exception de M. Joly de Fleury) sous la hache révolutionnaire, et paya de son sang son attachement aux principes de la monarchie.

Louis - Michel LE PELLETIER-DE-SAINT-FARGEAU, né à Paris en 1760 d'une famille distinguée dans la haute magistrature.

Intimement lié avec M. *Hérault-de-Sechelles,*

il eut le malheur d'en partager les principes révolutionnaires ; mais le mobile de sa conduite fut encore moins le *philosophisme* que le désir de conserver sa fortune considérable, en la mettant sous la protection du *démagogisme*.

Après avoir fait les premiers essais de cette mesure dans l'*assemblée constituante*, il redoubla de zèle dans la *convention*, et n'épargna rien pour se tenir à la hauteur des plus exaltés.

Toujours subjugué par la terreur de laisser apercevoir le caractère parlementaire, il s'imagina qu'il n'y avait pas de meilleur moyen que de cacher son *mortier* sous un *bonnet rouge* ; il se nicha donc sur la *montagne*, et il grimpa jusque sur la *crête*. Ce fut le même sentiment de terreur qui l'entraîna vers le *vote* sacrilège contre son Roi.

La peine ne se fit pas attendre.

Le dimanche 20 *janvier* 1793, lendemain du jugement du Roi, et la veille de son supplice, Michel Le Pelletier, se trouvant à dîner au palais *Egalité*, chez un restaurateur nommé FÉVRIER, fut abordé par un particulier qui lui demanda s'il n'était pas ce *Pelletier-de-Saint-Fargeau* qui avait, la *veille*, voté pour la mort du Roi. Sur la réponse affirmative de Le Pelletier, l'inconnu lui traverse le corps d'un sabre qu'il tenait caché sous son manteau, et s'échappa promptement,

1791. laissant *Le Pelletier* baigné dans son sang, et rendant le dernier soupir. (1)

Aussitôt l'épouvante saisit la *montagne*, chacun croyant y voir le présage du sort qui l'attendait. Aussi, dans son extrême agitation, la *montagne* travestit cet événement en crime de *lèze-nation*. Peu s'en fallut qu'elle ne déclarât *la patrie en danger*. On s'épuisa en simagrées pour consoler le peuple sur la perte de son *ami*. On décréta « que la Convention assisterait toute entière « aux funérailles de *Pelletier-de-S.-Fargeau*, « assassiné pour la *cause de la liberté*; 2.° que « ses cendres seraient déposées au Panthéon « français. »

On le proclama le *martyr de la liberté*.

Les comités d'*instruction publique* et d'*inspection de la salle* furent chargés d'ordonner la cérémonie funéraire, dont on trouvera les détails au Chap. *Variétés*, Liv. III de cet ouvrage.

On arrêta une *adresse* aux quatre-vingt-quatre départemens, pour calmer leurs alarmes et maintenir la tranquillité publique sur un forfait de si haute conséquence (2), et surveiller les *amis du*

---

(1) *Moniteur* du 25 janvier 1793, N.° 25. Voyez aussi sa Table, au mot *Pelletier*.

(2) Voyez le N.° 24 du *Moniteur* du 25 janvier 1793.

trône ; car déjà il n'y avait aucun des *monta-* 1791.
gnards qui ne vît un sabre dirigé sur sa poitrine.

Saint-Fargeau ne manqua pas d'oraisons fu-
nèbres. C'était à qui enchérirait sur ses vertus
et son patriotisme. Ce même homme qui, quelques mois plus tard, aurait été traîné à l'échafaud, fut accablé de louanges exagérées.

Les beaux-esprits de la faction se mirent à
contribution pour couvrir sa tombe et ses bustes
d'*épitaphes* pompeuses ; mais ceux qui n'envisa-
gèrent pas cette catastrophe sous un point de vue
aussi douloureux, se bornèrent à celle-ci, qui
est un modèle de simplicité et de vérité :

Ci gît *Le Pelletier*,
Président *à mortier*,
Qui mourut en *janvier*
Chez *Février.*)

§. IV.

*Avocats et Procureurs-Généraux, dans
l'intervalle du* 5 mai *jusqu'à la suppression du
Parlement* (15 octobre 1790).

MM.

Antoine Séguier.

Antoine-Louis Séguier, né en 1726, de l'illustre famille de ce nom, et arrière-petit-neveu
du *Chancelier*, remplissait avec éclat la place

1791. *d'avocat-général* au parlement à l'époque de la révolution.

Il est à remarquer qu'un de ses grands-oncles, *Antoine Séguier*, fut le premier *avocat du Roi* qui prit la qualité *d'avocat-général*. Ainsi cette honorable dignité s'ouvrit et se perdit sur la tête d'un *Antoine Séguier*.

Après la suppression du parlement, *Antoine Séguier*, objet de la haine du parti philosophique, qu'il avait courageusement combattu, se mit à couvert de ses persécutions en se retirant à *Tournay*, où il termina sa carrière le 25 janvier 1792.

Il était digne du plus zélé défenseur du trône d'aller chercher un asile dans le berceau de la monarchie française.

JOLY DE FLEURY (procureur-général) (1).

Marie-Jean HÉRAULT DE SECHELLES, né à Paris en 1760.

Orné de tous les dons extérieurs de la nature, le défaut de *jugement* les convertit en instrumens de sa perte.

---

(1) Au sein de sa famille, éloigné des affaires publiques, ce magistrat a eu le bonheur d'échapper aux persécutions révolutionnaires.

Enthousiasmé de l'école moderne, soi-disant 1791. *philosophique*, sans savoir discerner ce qu'il y avait de faux et de vrai, partisan désordonné de tous systèmes nouveaux, il se précipita avec fureur dans la *révolution*, et fut un des premiers à se déchaîner contre la cour qui l'avait comblé de faveur, et contre le parlement dont il était bien accueilli.

L'homme du Roi par sa place, il préféra de se faire *l'homme* du peuple ; non de ce peuple respectable qui constitue la vraie nation, mais de cette portion avilie, ennemie née de tout ordre social, et qui ne vit que de troubles et de désordres.

Ce fut *Hérault* qui rédigea ce chef-d'œuvre *d'anarchie* et de déraison, connu sous le titre de *Constitution de* 1793.

L'idole, dont il était le grand-prêtre, le récompensa à sa manière en l'écrasant de son poids, et la *hache révolutionnaire* fit justice de son ingratitude, *le 5 avril* 1794, à l'âge de trente-quatre ans.

M. *Henri* DAMBRAY

Avait succédé, en 1788, à M. *Joly de Fleury*.

De grands succès signalèrent les premiers pas de ce jeune magistrat, de tout point, opposé à son collègue *Hérault*..

1791.

Une facilité prodigieuse , une élocution facile, l'art d'improviser avec correction, un jugement sain , une discussion approfondie annoncèrent au barreau un digne successeur des d'*Aguesseau* et des *Séguier*, lorsque la suppression des parlemens vint arrêter cette brillante carrière.

Nous le reverrons, en 1815 , revêtu de l'éminente dignité de *Chancelier*.

CHATELET.

ANGRAN D'ALLERAY (*Denis-François*) , *Lieutenant civil* du Châtelet de Paris.

Quoique cette magistrature ne soit pas partie intégrante du Parlement, elle s'y rattache de si près, par ses rapports journaliers , qu'elle doit se confondre avec les dignitaires de cette cour.

D'ailleurs , le Châtelet appartenait au Parlement par l'intermède des avocats qui fréquentaient l'un et l'autre barreau.

M. *Andran d'Alleray* jouit constamment de la plus haute considération dans cette place importante pendant les quatorze ans qu'il l'occupa. Il était trop en évidence pour qu'il pût échapper aux tigres qui avaient été lancés sur ce qu'il y avait de plus distingué. Traîné à l'échafaud révolutionnaire , il périt le 29 *avril* 1794, âgé de soixante-quatorze ans.

Ses juges lui ayant demandé s'il n'avait pas entretenu une correspondance avec ses enfans *émigrés*, et s'il ne leur avait pas fait passer des fonds ; il en convint ; et sur ce qu'on lui reprochait d'avoir transgressé la loi sur les *émigrés* : « J'en « connais une plus sacrée, dit-il, c'est celle qui « ordonne aux pères de secourir leurs enfans dans « le besoin et le malheur. »

BOUCHER D'ARGIS (A.-J.-D.) ,

Lieutenant particulier du Châtelet, fils d'Antoine-Gaspard BOUCHER D'ARGIS, *célèbre jurisconsulte , et connu à Paris par plusieurs ouvrages.*

Après avoir exercé quelques années la profession d'avocat, il la quitta pour prendre une charge de *conseiller au Châtelet* , qu'il échangea ensuite contre celle de *lieutenant particulier.*

En 1790, lorsqu'une députation du Châtelet vint à la barre de l'assemblée constituante lui communiquer la procédure instruite sur l'attentat des 5 et 6 *octobre* 1789, *Boucher d'Argis* , qui portait la parole, dit : « Nous venons, après « dix mois de recherches , déchirer le voile qui « couvrait les attentats commis dans le palais des

1791.

« Rois »; mais, ayant ajouté ce vers pris de *Zaïre* :

Le voilà donc connu ce secret plein d'horreur !

il excita des vociférations du *côté gauche*, qui n'était pas curieux d'une pareille révélation. (Voyez *suprà.*)

Les factieux ne lui pardonnèrent pas cette phrase, qu'il expia sur l'échafaud révolutionnaire, le 3 thermidor an 2 (23 juillet 1794).

Comme on manquait de toute espèce de prétexte, on le comprit dans une *conspiration des prisons ;* moyen banal imaginé par *Danton* pour se débarrasser des honnêtes gens, sans se donner la peine d'une longue instruction.

SECTION II.

MAGISTRATS DIGNITAIRES,

Depuis la suppression des Parlemens jusqu'à la clôture de l'assemblée constituante.

§. I.er

CHANCELIER.

L'office de *Chancelier* ne survécut que de quelques mois aux *Parlemens*, ayant été supprimé par l'article 31 du décret du 27 novembre 1790,

portant création du *tribunal de cassation.* Il fut 1791.
remplacé par un *ministre de la justice.*

Il fallait être travaillé de la manie de la destruction pour supprimer une des plus illustres décorations de la majesté royale.

Cette charge se rattachait aux premiers temps de la monarchie et en faisait une portion intégrante; car le chancelier n'était pas l'officier du *Roi*, mais bien chancelier de *France.*

Ce grand officier de *la couronne* jouissait de prérogatives qui annonçaient assez cette distinction. Il ne prenait pas le deuil au décès du Roi, ou de quelques membres de la famille royale; il ne faisait pas de visites, même aux premiers princes du sang. Toutes les pièces de son *costume* formaient autant d'emblêmes de sa dignité, unique dans son genre, et qui rappelaient le souvenir des plus grands personnages, *Huraut de Chiverny*, *Michel de l'Hôpital*, *Pierre Seguier*, *d'Aguesseau*, etc.

Quelle raison pouvait-il exister pour sa destruction ? si ce n'est le dessein de ravaler la majesté du trône, en le dépouillant, pièce à pièce, de tout ce qui pouvait en soutenir l'éclat.

Ce fut sur le chancelier *Maupeou* que cette extermination tomba. Ce *chancelier*, qui s'était

1791. montré un si grand *novateur*, fut à son tour victime de plus grands *novateurs* que lui.

§. II.

GARDE DES SCEAUX.

M. *Marguerite – Louis – François* DUPORT DU TERTRE continue ses fonctions de *garde des sceaux* depuis la suppression de l'office de *chancelier*.

Mais bientôt ce titre de *garde des sceaux*, entraîné dans le torrent révolutionnaire, vint se perdre dans le *ministère de la justice*.

§. III.

Ministère de la Justice.

La création de ce nouveau *ministère*, qui date du décret du 27 *avril* 1791, se composait des attributions du *chancelier* et du *garde des sceaux*.

Duport du Tertre conserva le titre et les fonctions de *ministre de la justice* jusqu'au mois d'avril 1792. (Voyez *infrà*, au livre 2.)

§. IV.

Présidens des Tribunaux de Districts.

Ces *présidences*, qui dérivaient de la *priorité* de nomination par le corps électoral, n'empor-

taient aucune suprématie sur les juges ; leurs 1791.
prérogatives se bornaient à la police de l'audience : néanmoins, pour ne rien omettre de ce
qui peut servir d'instruction sur ces époques du
Barreau, j'ai cru leur devoir une place dans cet
ouvrage. (Voyez *les notes*).

Ier. TRIBUNAL,

Séant aux Jacobins Saint-Honoré.

DUPORT (Adrien), *ex-constituant* (1).

---

(1) *Adrien Duport*, conseiller au parlement de Paris,
député de la noblesse aux états-généraux.

L'enthousiasme des nouveautés lui avait tourné la tête
au point de le mettre en opposition avec toutes les convenances.

Quoique *noble* et député de la *noblesse*, il pressa vive-
ment le décret de l'abolition de la *noblesse*.

Conseiller au parlement et fils d'un *conseiller de grand'-
chambre*, personne ne provoqua avec plus d'acharnement la suppression des *parlemens*.

Il fut un des commissaires nommés par l'assemblée pour
interroger le Roi à son retour de Varennes, en 1791.

Après la journée du *dix août*, il laissa échapper quelques signes de regret sur les scènes horribles qu'il avait
préparées par ses discours à l'assemblée consituante.
Ce tardif retour le rendit odieux aux révolutionnaires,
qui ne pardonnent pas le *repentir :* ils le firent arrêter ;
mais, ayant trouvé le moyen de s'évader, il se retira en
Suisse, où il mourut de chagrin, au mois d'août 1798.

2.ᵉ TRIBUNAL,

Séant aux Petits-Pères.

1791.

FRETEAU DE ST.-JUST, *ex-constituant* (1).

(1) *Emmanuel-Marie-Michel-Philippe*, conseiller de grand'chambre.

Mécontent d'un refus qu'il avait essuyé de la conr, il se constitua l'ennemi du gouvernement.

Député aux *états-généraux* par la noblesse du bailliage de Melun, il se rangea du parti de l'*opposition* et des réformations les plus déraisonnables. Toute la conséquence d'un pareil rôle aboutit à être nommé *juge de tribunal de district.*

Ayant voulu, sous le règne de la terreur, se faire un rempart de l'affection du peuple, il distribua ses récoltes de grains aux villageois de ses terres ; mais ceux-ci, en recevant ses dons, les dénoncèrent comme des actes de fourberie et d'hypocrisie.

Robespierre, qui ne souffrait pas de concurrens en fait de *popularité*, le fit conduire à l'échafaud, le 15 *juin* 1793, à l'âge de quarante-nenf ans.

Abstraction faite de sa conduite politique, M. *Freteau* était estimé sous bien des rapports : juge intègre, laborieux, fort instruit, savant et religieux, un ressentiment trop vif fit son malheur.

3.ᵉ TRIBUNAL,

Séant à Saint-Lazare.

THOURET (*ex-constituant*) (1).

---

(1) *Jacques-Guillaume*, né, en 1746, à Pont-l'Évêque, avocat distingué au parlement de Rouen.

Il joua un assez grand rôle à l'assemblée dans les intérêts du système *réformateur*, et fut un des plus opiniâtres collaborateurs de la constitution de 1791, qui, après avoir été *remaniée*, *corrigée*, *revue* et *modifiée*, n'en valut pas mieux.

Les démagogues, ennemis nés d'une constitution qui laissait encore quelque ombre du *régime royal*, le firent incarcérer au Luxembourg, d'où il fut tiré pour aller à l'échafaud, le 3 *floréal an* 2, pour cause de *conspiration de prison.*

Étrange vicissitude des choses !

L'assemblée constituante avait persécuté, proscrit et conduit au supplice ceux qui se montraient opposés à la constitution de 1791.

Et, deux ans après, la même destinée atteint ceux qui ont travaillé à ce grand œuvre.

Ainsi la *constitution* de 1791 a fait périr ses amis et ses ennemis.

1791.

4.ᵉ TRIBUNAL,

Séant à la place Royale.

TREILHARD, avocat au parlement de Paris (1).

---

(1) *Jean-Baptiste* TREILHARD tenait un rang distingué au Barreau de Paris, en 1789 époque de son entrée aux états-généraux.

Depuis sa sortie de l'assemblée nationale, il remplit avec succès des fonctions judiciaires, et la notoriété de ses principes politiques, pour son malheur, le fit nommer, par le département de Seine-et-Oise, député à la *convention.*

Ce *malheur* en prépara un autre plus cruel et plus irréparable. On sait comme il s'y comporta dans la fameuse journée du 19 *janvier* 1793.

Treilhard eut l'adresse d'échapper aux proscriptions et à l'échafaud ; mais il ne put échapper aux remords déchirans qui empoisonnèrent sa vie, à travers les dignités dont il fut décoré et la fausse tranquillité qu'il affectait.

Il est mort à Paris le 1.ᵉʳ *décembre* 1810, et son corps a été déposé au *Panthéon.*

5.e TRIBUNAL,

Séant à Sainte – Geneviève.

TARGET, avocat au parlement de Paris (1), *ex-constituant.*

6.e TRIBUNAL,

Séant au Châtelet.

MERLIN, avocat au parlement de Douai, *ex-constituant.*

On voit que les *ex-constituans*, tout en travaillant au *bonheur commun*, ne s'étaient pas oubliés eux-mêmes.

Mais on ne peut se défendre d'une réflexion pénible, en considérant que ces *présidens* de

______

(1) Il ne soutint pas à l'assemblée la célébrité qu'on lui avait faite. Sa manie de raisonner sur le *grand œuvre de la régénération du royaume*, ses éjaculations politiques, ses éternelles prédications sur la *concorde* et l'*union*, suivies de la *paix* et de la *tranquillité*, et autres locutions grotesques, le couvrirent d'un ridicule qui faisait l'amusement de Paris et l'aliment des journaux.

Sorti *incognito* de l'assemblée nationale, il se rabattit sur une place de *juge de district*, et le *grand législateur* descendit des hautes régions pour siéger dans un *réfectoire de moines.*

1791. nouvelle fabrique étaient ceux-là même qui avaient exterminé les *cours* et *tribunaux* de l'ancien régime.

N'y avait-il pas quelque oubli des bienséances dans cette précipitation à se revêtir de leurs dépouilles ?

On aurait pu excuser de nouveaux juges, qui n'auraient pas participé à la destruction de leurs prédécesseurs ; mais, de la part des *ex-constituans*, on ne rencontre aucun motif de pardon.

Aussi cette avidité fit-elle une grande sensation dans le public le mieux disposé en faveur de la réforme.

Au surplus, on a remarqué que *ces présidens* ont éprouvé, presque tous, une fin malheureuse.

Duport est mort au sein d'une terre étrangère, couvert des malédictions de son pays.

Freteau et *Thouret* ont péri sur l'échafaud.

Treilhard et *Target* ont porté au tombeau le poids accablant de remords et de souvenirs fâcheux.

Et *Merlin de Douai*, fugitif, proscrit, obligé de chercher un asile loin de sa patrie, n'offre pas la perspective d'une fin fort heureuse.

§. V.

Ministère public.

Il ne se composait plus de *procureurs* ni *d'avocats du Roi.*

L'assemblée, qui faisait la guerre aux *mots* aussi bien qu'aux *choses* et aux *personnes*, avait substitué la qualification de *commissaires du Roi*, en matière civile, et d'*accusateurs publics*, en matière criminelle.

Nous nous bornerons à la simple nomenclature de ceux qui étaient portés sur le tableau des avocats de 1789 (1).

---

(1) Abrial.   Fauré.
    Ameil.   La Saudade.
    Bayard,   Mitouflet.
    Cauchè.   Polverel.
    Cellier.   Royer.
    De La Fleutrie.   Savy.
    Fleury.   Verrier.

CHAPITRE IV.

Officiers ministériels.

§ I.er

Avoués.

LES faiseurs, voulant abolir le nom de *Procureurs*, s'avisèrent de lui substituer une vieille qualification reléguée dans les premiers siècles de la monarchie, applicable aux *gentishommes* chargés de la défense intérieure de l'Église.

On ne conçoit pas que, dans leur antipathie pour la noblesse, ils soient allés exhumer une dénomination *féodale*, pour l'appliquer à des *procureurs* de tribunaux de districts.

Voici par quelle gradation on arriva à cette inconséquence.

Un décret du 15 décembre 1790 avait supprimé la vénalité de l'hérédité des officiers de *postulation*, auprès des tribunaux, pour le contentieux.

A la suite de ce décret, il fut question de pro- 1791.
noncer sur le sort de ces officiers ministériels
chargés de l'instruction auprès des tribunaux.

« Continueraient-ils de faire partie intégrante
« de *l'ordre judiciaire?* En cas de suppression
« absolue, que ferait-on d'une multitude prodi-
« gieuse de pères de famille qui n'avaient pour
« moyen d'exister que ce même état qu'on ve-
« nait de leur enlever ? »

Ces questions donnèrent lieu à un débordement démagogique de tous les lieux communs
débités, depuis tant de siècles, contre les officiers de justice. Les orateurs du peuple eurent
une belle occasion de faire de l'éloquence à bon
marché.

« Qu'il n'y ait point d'intermédiaire, disaient-
« ils entre les juges et les parties ; point d'autre
« *instruction*, point d'autres *défenses* que celles
« que la partie fournira elle-même, *oralement*
« et par *mémoires*. C'est un attentat à la *souve-*
« *raineté du peuple*, un outrage à la *liberté*, à
« *l'égalité*, de concentrer, dans une classe pri-
« vilégiée, le droit de parler aux juges, et de
« forcer les parties de subir cette espèce d'es-
« clavage. »

Ce système fut amendé par une autre proposition. C'était (tout en laissant à chaque partie
le droit de se défendre elle-même *verbalement*

1791. ou par *écrit*) de lui laisser aussi la faculté de se faire repésenter par un individu quelconque de son choix et *avoué* de lui , sans être obligée d'aller le prendre dans aucune classe exclusive.

Enfin, un troisième *avis* voulait concentrer le choix des parties dans une classe d'hommes revêtus de la confiance publique , et qui offriraient des gages de leur probité.

Cette opinion appuyée par *Tronchet* prévalut, et fut consacrée par l'article 2 du décret du 6 décembre , en ces termes :

« Il y aura, auprès des tribunaux de district, « des officiers ministériels ou *avoués*, dont la « fonction sera exclusivement de représenter les « parties, d'être chargés et responsables des piè- « ces et titres des parties, de faire les actes de « *forme* nécessaires pour la régularité de la pro- « cédure, et mettre l'affaire *en état ;* les *avoués* « pouront même défendre les *parties*, soit « *verbalement*, soit par *écrit*, pourvu qu'ils y « soient expressément autorisés par les parties ; « lesquelles auront toujours le droit de se défen- « dre elles – mêmes *verbalement* ou par *écrit*, « ou d'employer le ministère d'un *défenseur offi-* « *cieux* pour leur défense, soit *verbale*, soit « *par écrit.* »

Telle est la PREMIÈRE *loi* où l'on trouve le titre d'*avoué* employé pour celui de *procureur,*

qui était beaucoup plus significatif, en ce qu'il 1791.
annonçait plus intelligiblement un *fondé de pro-*
curation ou de *pouvoir :* condition qui n'est qu'implicitement contenue dans le terme d'*avoué.* Mais,
comme il était dans la manie de cette *assem-*
blée de tout changer, elle ne put pas résister à
la tentation.

L'un des orateurs alla même jusqu'à préten-
dre « qu'il était de l'intérêt des *procureurs* que
« le nom de *procureur* fût changé aux yeux de la
« société (*murmures*).

« Ne croyez pas , ajouta-t-il , que j'aie entendu
« faire une *satire* ou une *épigramme.* Je n'attaque
« pas les hommes , mais l'abus de l'*institution*
« *des procureurs.* » (*Moniteur* du 17 décembre
1790 , N.º 351.)

Une fois décidé qu'il y aurait des *avoués* pos-
tulans auprès des tribunaux de district, il restait
à régler dans quelle classe ils seraient pris , et
sous quelle condition.

Quelques-uns de ceux qui ne voyaient d'autre
autorité que l'*autorité populaire* , voulaient soumettre le choix des *avoués* à la chance de l'*élec-*
tion ; d'autres concentraient ce choix dans la
classe des *procureurs supprimés ,* dont les *avoués*
prenaient la place et les fonctions sous un autre
nom ; d'autres demandaient à étendre ce béné-
fice d'*avoués* à tous les individus quelconques qui

1791. avaient été employés dans l'*ancien ordre judi-ciaire*, sous quelque titre que ce fût, et l'*assemblée* eut la générosité d'adopter cette latitude, qui ouvrit aux *présidens* et aux *conseillers de cours souveraines* l'accès de tribunaux de districts, pour y figurer *sous le titre d'avoués.*

Rien n'est plus bizarre que la nomenclature des *candidats.*

« Les ci-devant juges (1) des cours supérieures
« et siéges royaux, les avocats et procureurs du
« Roi , leurs substituts , les juges et procureurs
« fiscaux des ci-devant justices seigneuriales, gra-
« dués avant le 4 août 1789 ; les ci-devant pro-
« cureurs aux parlemens, cours des aides , con-
« seils suprêmes, présidiaux, bailliages et autres
« titres supprimés ; les ci-devant *avocats* inscrits
« sur les tableaux dans les lieux où ils étaient en
« usage, ou exerçant publiquement près les
« siéges ci-dessus désignés, seront admis, *de*
« *droit*, à remplir, près les tribunaux de districts
« où ils jugeront à propos de se fixer, les fonc-
« tions d'*avoués*, en se faisant préalablement
« inscrire au greffe desdits tribunaux. »

(*Décret du 20 mars 1791.*)

---

(1) *Les ci-devant juges des cours supérieures*.....
Grâce à la générosité de ce décret, le chancelier et les présidens à mortier sont admis à être *avoués*.

Ainsi, comme on voit, la chance était bien 1791, tournée en vingt-quatre heures.

Deux jours auparavant, on ne voulait aucun *avoué* ; on attachait à leur exclusion le salut de la France, le maintien de *la liberté et de l'égalité.*

Le *lendemain,* ce n'est plus cela ; le ministère des *avoués* est reconnu indispensable, mais il faut le concentrer dans un petit nombre d'hommes choisis, qui auront donné des gages à la révolution, et des preuves d'un chaud patriotisme.

Le *surlendemain,* cette limitation est réprouvée, et le caractère d'*avoué* est imprimé à des milliers d'hommes qui n'étaient pas curieux de ce bienfait.

Inconstance bien digne d'une assemblée qui, sans mesure, sans esprit de suite, travaillait au jour le jour, et ne savait jamais la *veille* ce qu'elle ferait le *lendemain.*

§. II.

Défenseurs officieux.

Voilà encore un de ces mots nouveaux qu'on doit à l'assemblée constituante, et destiné à remplacer la dénomination d'*avocat.* Ce fut à la séance du *lundi* 13 *décembre* 1790 que le nom de *défenseur officieux* fut, pour la première fois, prononcé par le rapporteur du *comité de légis-*

lation, qui, n'ayant pas la moindre idée de l'honneur attaché au titre d'*avocat*, imagina de l'échanger contre celui de *défenseur officieux.*

« Heureux, s'écrie-t-il, celui que la nature et
« le travail ont destiné à devenir le protecteur
« de ses semblables, et à exercer le plus noble
« des ministères. Tels seront les *défenseurs offi-*
« *cieux.* Leurs fonctions étant essentiellement
« *gratuites* aux yeux de la loi, *ils ne pourront*
« *rien exiger, ni réclamer aucune taxe pour le*
« *prix de leurs soins.* Les *ci-devant avocats*, qui
« ne rempliront pas les places de juges ou d'hom-
« mes de loi, pourront suivre cette belle car-
« rière. Elle les ramène à leur institution pri-
« mitive. et l'éloquence, consacrée à la défense
« des citoyens, montrera d'avance à la nation
« les hommes qui doivent soutenir ses droits dans
« l'*assemblée des législateurs.* » (*Moniteur* du
mardi 14 décembre 1790, N.º 348.)

Voilà le certificat d'origine de cette dénomination de *défenseur officieux* substituée à celle d'*avocat*, et qui fut consacrée par l'art. 4 du décret du 15 décembre 1790, en ces termes :

« Les parties auront toujours le droit de se dé-
« fendre elles-mêmes verbalement et par écrit,
« ou d'emprunter le ministère d'un *défenseur offi-*
« *cieux* pour leur défense, soit *verbale*, soit *par*
« *écrit.* »

CHAPITRE V.

PROCÈS, JUGEMENS ET EXÉCUTIONS notables, dans l'intervalle de l'ouverture des États-Généraux à la suppression du Parlement.

1791.

§. I.er

20 janvier 1790. — AFFAIRE FAVRAS.

THOMAS MAHI DE FAVRAS était un gentil-homme du Blaisois, qui avait servi dans les gardes suisses de *Monsieur*, et sincèrement attaché au Roi et à la famille royale.

Témoin habituel de l'affliction du monarque dans sa captivité au château des Tuileries, et des humiliations dont on accablait sa personne, M. de *Favras* (ainsi que des milliers de bons Français) formait des vœux pour la délivrance du Roi.

Quoique dépourvu de moyens et de ressources, il se laissa exalter au point de croire qu'il parviendrait à organiser une *force armée* suffisante à l'exécution de son projet.

Des confidences indiscrètes le perdirent ; il fut dénoncé par le *comité des recherches* de l'hôtel

1791. de ville (1) au *procureur du Roi du Châtelet* (2), qui se trouvait investi de la connaissance des crimes de *lèse-nation* (3).

L'instruction eut lieu suivant le nouveau mode introduit par le décret du 9 octobre 1789. Les pièces de la procédure lui furent lues dans la *séance publique* du 8 janvier, en présence de ses deux conseils, MM. *Liégeard de Ligny* et *Gaillard de La Ferrière*.

Dès cette époque, on fut à portée de reconnaître que la *publicité* de *l'instruction criminelle* n'était point praticable en temps de révolution, et que ce n'était qu'une manière de soumettre le tribunal à la volonté du parti dominant.

---

(1) *Comité des Recherches.* Ce comité avait été institué au sein de la *Commune de Paris*, par un arrêté du 21 octobre 1789, à la suite des malheureuses journées des 5 et 6 octobre. Il était composé de six membres.

(2) Cette attribution avait été appliquée au Châtelet, par un décret du 29 *octobre* 1789, et lui fut retirée par décret du 26 octobre 1790. (Voyez *infrà*, chap. 7.) La connaissance de cette espèce de crimes avait été enlevée au *Parlement*, parce que les meneurs de l'assemblée se défiaient de cette cour, et qu'elle comptait avoir meilleur marché du *Châtelet.*

(3) *Crime de lèse-nation.* Nouveau crime de l'invention de l'assemblée, et inconnu jusqu'alors. (Voyez *infrà*, chap. 6, parag.   )

Voici ce qu'on lit dans le *Moniteur* (janvier 1790).

Du 11. — « Il y a douze témoins assignés pour
« déposer dans cette affaire ; mais ils n'ont pu être
« entendus. Un tumulte effroyable, des cris af-
« freux, un nombre prodigieux de peuple qui
« criait : *Favras à la lanterne !* tout cela a chassé
« les juges et les témoins. On devait travailler
« dans beaucoup d'affaires ; mais cela a été im-
« possible , et le *procès-verbal* de cet événement
« a été envoyé à l'assemblée nationale. »

Du 12. — « Le tumulte n'a pas diminué. Des
« *canons* ont été conduits dans la cour du Châ-
« telet. »

Malgré toutes les mesures prises pour rendre
aux juges leur liberté, l'effervescence populaire
se maintint pendant tout le reste de l'instruction
avec des vociférations contre les *juges* et les *défenseurs.*

M. *Thilorier*, avocat de l'ancien barreau, sans
se laisser effrayer de cet appareil menaçant, dé-
fendit son client avec courage, et traita sans
ménagement les provocateurs de cette accusation,
qu'il plaça au nombre des plus énormes iniquités
de la révolution. Il invita les juges à braver ,
comme lui , les clameurs d'une faction sangui-
naire ; mais il ne parvint pas à faire passer son
énergie dans le cœur des juges, déjà à demi

1791. vaincus par les hurlemens populaires et par la crainte d'un danger personnel ; ils ouvrirent leur âme à la persuasion que *Favras* était véritablement coupable, et le 20 février 1791 ils prononcèrent son jugement de mort.

Sans doute qu'ils ne jugèrent pas *contre leur conscience*, ils en étaient incapables ; mais ils prononcèrent d'après une conscience *égarée par la terreur.*

Ainsi, placé entre des accusateurs iniques et des juges pusillanimes, l'infortuné *Favras* devait périr. Il n'y eut, dans cette affaire, d'énergie et de noblesse que dans l'*accusé* et l'*avocat.*

§ II.

*AFFAIRE DES FRÈRES A****

J'ai déjà parlé, au chapitre précédent, de ces deux frères et de l'influence qu'ils avaient eue sur le décret du 21 *janvier* 1790.

Ayant été traduits au Châtelet pour fabrication d'*actions de la caisse d'escompte*, leur procès fut instruit *publiquement*, suivant le décret du 9 octobre 1789.

Leur cause fut plaidée au *Châtelet* et au *Parlement* par M. *Fournel,* qui sollicitait sinon leur absolution (car ils étaient effectivement

coupables), mais la remise de la *peine de mort,* 1791.
qui, dans son système, n'était pas applicable à
l'espèce (1).

L'opinion publique venait à leur secours ; et si,
dans cette affaire, comme dans celle de *Favras,*
le vœu populaire se fût mis de la partie, les deux
jeunes gens auraient échappé au supplice ; mais
l'accusation ne tenait pas au parti *révolutionnaire :*
elle était abandonnée à ses propres forces, et ses
forces n'étaient pas de nature à lutter contre les
sollicitations d'un ministre irrité. (M. *Necker.*)

Dans tout autre temps, la *flétrissure* de la
famille aurait pu entrer en balance pour tem-
pérer la rigueur d'une condamnation *ignominieuse ;* mais cette considération avait perdu son
effet depuis le décret du 21 *janvier,* qui se tour-
nait contre les accusés eux-mêmes, en détruisant
le seul moyen de considération qui aurait pu les
sauver.

Et, par arrêt de la chambre des vacations, du

---

(1) La déclaration de 1721 était alors le seule loi qui
prononçât la peine de mort pour fabrication *d'effets
royaux* et publics. Or, M. *Fournel* établissait une différence entre les *actions* d'une caisse particulière et les
effets circulaires émanés du gouvernement, et cette distinction fit une grande sensation, dont M. *Necker* triom-
pha par son autorité, alors toute-puissante.

1791. 4 février 1791, confirmatif du jugement du Châtelet, les deux frères *A**** furent condamnés au gibet.

Cet événement fait époque dans la révolution, par les circonstances qui l'accompagnèrent.

§. III.

AFFAIRE du baron de BEZENVAL,

Lieutenant-général des armées du Roi de France, inspecteur-général des Suisses.

Il avait rendu de grands services à Paris, au commencement de la révolution, en facilitant les arrivages des *approvisionnemens*, et en protégeant les convois.

A la suite des journées des 13 et 14 *juillet* 1789 il n'en fut pas moins l'objet des fureurs populaires.

Accusé d'avoir préparé le siége de Paris et son *bombardement à boulets rouges*, il aurait partagé le sort des *Delaunay*, *Flechelles*, *Foulon* et *Berthier*, s'il n'eût eu l'adresse de s'éloigner à propos de ce théâtre de meurtres et de carnage.

Ayant été reconnu et arrêté à *Villenau* par la *milice nationale* du pays, il fut, par l'intervention de M. *Necker*, transféré à *Brie-Comte-Robert*, et mis sous la sauvegarde du *gouverneur du château* et de sa *garnison.*

Or, ce *gouverneur* était le fameux *Bourdon de l'Oise,* procureur au parlement, et la *garnison* n'était autre chose qu'un détachement de la *bazoche du Palais.*

Les *Mémoires de Bezenval* contiennent des particularités piquantes sur la ridicule bouffissure de ce *commandant* et l'amabilité de cette jeunesse (1).

M. *de Bezenval* ayant été, quelques mois après, ramené à Paris, il fut traduit dans la prison du *Grand-Châtelet,* où il trouva pour compagnon l'infortuné *Favras,* victime, comme lui, de la haine d'une populace égarée.

La mort de *Favras* calma un peu les vociférations meurtrières de la multitude.

Mirabeau, qui protegeait *Bezenval,* et qui disposait des *attroupemens,* les écarta du Châtelet par la seule puissance de sa parole. Les *canons* devinrent inutiles, et le *peuple souverain* voulut bien, pour cette fois, laisser aux magistrats la liberté de juger suivant leur *conscience,* et d'entendre la défense de l'accusé.

---

(1) On en trouvera quelques-unes au chap. *Variétés.*

1791.

Ce fut M. *Desèze*, célèbre avocat au parlement, qui se chargea de cette honorable fonction, et qui s'en acquitta avec courage et talent, et (ce qui fut encore plus flatteur pour lui) avec *succès*.

Bezenval fut absous par sentence du Châtelet du 26 *mars* 1790.

La multitude, qu'on avait cessé d'*encolérer*, et qui n'avait eu, dans cette affaire, qu'une indignation de *commande*, ne se plaignit pas de cette *absolution;* tout au contraire, sur la foi de *Mirabeau*, elle y applaudit, et M. *de Bezenval*, dont elle avait tant de fois demandé la tête sous les fenêtres de sa prison, fut rendu à la société, et resta paisiblement dans Paris, où il est mort le 27 juin 1794 (1).

§. IV.

PROCÉDURES sur les journées de Versailles, des 5 et 6 octobre 1789.

Un aussi horrible attentat ne pouvait pas manquer de provoquer l'indignation universelle et une explosion éclatante de la vindicte publique;

----

(1) Il en aurait été de même de M. *de Favras*, s'il avait eu le bonheur d'avoir un protecteur parmi les grands *meneurs* de l'assemblée.

mais il existait, dans le *côté gauche* de l'assem- 1791.
blée, un puissant parti, qui avait intérêt à paralyser cette poursuite, et à tenir sous un voile
épais les ressorts qui avaient amené cette catastrophe.

De là ce décret qui tomba des nues *trois jours
après*, pour la *réformation de la justice criminelle*,
combiné de manière à fournir aux accusés de
grands moyens de défense et de salut. (*Voyez*
ce que j'ai dit à ce sujet ci-dessus, pag. 58.)

Cependant le *Châtelet*, qui avait été investi de
la connaissance des crimes de *lèse-nation*, n'a-
vait pas été mis dans la confidence, les *meneurs*
ayant espéré qu'il entendrait à *demi-mot*.

Ce *tribunal* poursuivit donc, de bonne foi, l'*instruction*, qu'il commença le 1.er décembre 1789,
et qui dura jusqu'au mois d'octobre 1790.

Ce long espace de temps fut employé à s'environner de toutes les *informations, pièces de conviction* et *documens*, et à vaincre les obstacles et
les incidens qui naissaient à chaque instant.

A la suite de tant de persévérance et de peines,
que découvre-t-il? que c'est au sein de *l'assemblée nationale* elle-même, au *coté gauche*, que
siégent les principaux moteurs de ce forfait.

Quæsivit cœlo lucem, ingemuitque repertâ.

Effrayé de cette affreuse révélation, le tribunal

1791. reconnut cependant qu'il avait les mains liées pour aller en avant, attendu la qualité des prévenus, aux termes du décret du 26 *juin* 1789 (1).

Il fut donc réduit à rendre un jugement interlocutoire, portant, entre autres dispositions :

« Qu'attendu que MM. *Louis-Philippe-Joseph d'Orléans* et *Mirabeau* l'aîné, députés
« à l'assemblée nationale, paraissent être dans
« le cas d'être décrétés ;

« Les expéditions de la présente information,
« ensemble de celles visées au réquisitoire du
« procureur du Roi, seront portées à l'assem-
« blée nationale, conformément au décret du
« 26 juin. »

Sur-le-champ le *tribunal* envoya une députation vers l'assemblée pour lui donner cette communication.

C'est à ce sujet que M. *Boucher d'Argis* laissa échapper cette exclamation :

Ils vont être connus ces secrets pleins d'horreur !

Après s'être plaint des efforts dirigés depuis

____

(1) Dès le commencement de la *session*, l'assemblée avait pris la précaution de déclarer ses membres *inviolables*, et à couvert de toutes poursuites.

Le côté gauche sentait déjà combien il aurait besoin d'une pareille mesure.

long-temps contre le tribunal, pour le forcer, par
la terreur, à l'abandon de son poste, le magistrat
ajoute :

 « Mais quelle a été notre douleur, Messieurs,
« lorsque nous avons reconnu, parmi ceux que
« de nombreux témoignages accusent, quelques
« membres de cette AUGUSTE *assemblée*. »

Il déposa ensuite les pièces sur le bureau. La
députation fut bientôt à portée de reconnaître
toute l'étendue de sa méprise.

 Au lieu de félicitations sur la persévérance de
ses travaux, elle n'entendit que des murmures,
qui semblaient l'accuser d'une sollicitude intem-
pestive et d'une sagacité inconvenante.

 « Ce que vous venez de nous donner comme
« une découverte qui vous a coûté dix mois de
« travail était su de tout le monde il y a long-
« temps, et vous auriez mieux fait de garder ce
« prétendu *secret*, qui n'est pas de nature à être
« révélé. » (Voyez *suprà*, chapitre III.)

 Les pièces furent renvoyées au *comité des rapports*, qui, au bout d'un mois, fit rendre ce décret
célèbre, *qu'il n'y avait pas lieu à accusation
contre les deux députés.*

CHAPITRE VI.

Établissemens, Institutions, Travaux de l'Assemblée constituante, analogues à L'ORDRE JUDICIAIRE.

1791. LES destructions sans nombre par lesquelles l'assemblée signala son existence de vingt - neuf mois ne se trouvent rachetées par aucune institution capable de lui faire trouver grâce devant la postérité.

De la foule d'innovations qu'elle exécuta, ou dont elle donna le projet, la majeure partie, après avoir été inutilement essayée, a été abandonnée comme impraticable, et celles qui ont survécu n'ont pu se soutenir qu'à l'aide de *corrections*, de *modifications* et d'*amendemens*.

Quelques détails suffiront pour justifier ces reproches.

§. I.er

Justices de Paix.

Cet établissement, si ridiculement exalté par les *trompettes* (1) de cette assemblée comme une

____

(1) La révolution offrait, à cette époque, trois sortes de gens, les *trompeurs*, les *trompés* et les *trompettes*.

sublime conception, n'est autre chose qu'une 1791.
institution triviale, connue depuis plusieurs siècles, dans nos campagnes et petites villes, sous
le nom de *justices seigneuriales*, exercées par
des *baillis*, *viguiers*, *châtelains*, *syndics*, *procureurs fiscaux*, etc.

§. II.

Bureaux de Paix.

Aux termes du décret du 24 août 1790, tit. 10,
le bureau de paix étend son domaine sur toutes
les matières qui excèdent la compétence du juge
de paix.

Défenses à toutes les parties d'introduire une
action dans les tribunaux de district, sans avoir,
au préalable, *cité* son adversaire devant le bureau, composé du juge de paix et de ses asses-
seurs, pour y discuter à l'amiable leurs prétentions respectives, et les soumettre à la *conciliation
du bureau.*

La tentative préliminaire d'une *conciliation* pré-

L'assemblée tira d'abord grand parti de ces derniers ; mais
elle les perdit sur le déclin de sa *session.*

Dès-lors il n'y eut de *trompettes* que pour annoncer et
célébrer son départ.

1791. sente, sans contredit, beaucoup d'avantages, quand elle est *volontaire* et dans l'intention des parties ; mais on ne conçoit pas si aisément que cette mesure pacifique puisse être exercée à *main armée*, et sous peine de se voir fermer l'accès du tribunal. C'est vouloir allier les deux contraires que de réunir la *contrainte* et la *conciliation*.

Cette mesure *obligée* est une chétive invention qui blesse à-la-fois les convenances sociales et les intérêts des parties.

D'abord il y a une infinité de contestations qui se composent de certains détails, dont le développement et l'explication ne sont pas de nature à être produits devant un bureau de paix et son *auditoire*.

En second lieu, si la *conciliation* peut avoir l'effet de prévenir quelques procès, ce ne sera jamais que dans des cas de peu d'importance, où les parties dépouillées d'obstination sont, d'avance, disposées à céder à l'arbitrage du *bureau*.

Mais, à l'égard des contestations d'un grand intérêt, où les parties n'entrent en procès qu'à la suite d'une mûre délibération, quelle fausse idée de croire que leurs combinaisons viendront échouer devant un *bureau de paix ?*

Ne devait-on pas concevoir que le rapprochement personnel des parties mises en *présence* et

et aux *prises*, dans un moment d'exaspération 1791.
réciproque, loin de conduire à la *conciliation*,
deviendrait le plus souvent l'occasion de scènes
scandaleuses, plus capables de ranimer le ressentiment que de le calmer ?

Tous ces inconvéniens se sont si bien fait sentir, qu'il a fallu revenir à la ressource des *fondés
de pouvoirs*, pour comparaître au *bureau de paix*,
tant pour le *citant* que pour le *cité*.

Voilà donc deux intermédiaires qui dérangent
tout-à-fait le système de la *conciliation* ; car ces
fondés de pouvoirs ont, comme de raison, leur
leçon toute faite, qui est *de ne pas se concilier ;*
de manière que bientôt cette comparution est
dégénérée en une simple formule, qui n'a d'autre
effet que d'augmenter les frais préparatoires, au
moment même où *l'assemblée* promettait à la
nation le *bienfait d'une justice gratuite.*

§. III.

Tribunaux de Famille.

L'institution des *tribunaux de famille* n'était
pas une idée nouvelle. Il y avait trois siècles
qu'elle avait passé par la tête de quelques juristes
de *Provence*, qui l'avaient fait insérer dans un
statut de 1491.

1791.

Cette disposition, après avoir figuré pendant quelque temps dans notre procédure, laissa apercevoir une foule d'inconvéniens qui la firent abandonner.

En 1790, les membres *provençaux* de l'assemblée, pour faire honneur à leur pays, exhumèrent cette vieillerie, qu'ils donnèrent pour une nouveauté, et l'*assemblée*, toujours indocile aux leçons de l'expérience, toujours dupe des théories brillantes, décréta L'INSTITUTION en ces termes :

« S'il s'élève quelque contestation entre mari
« et femme, père et fils, grand-père et petit-fils,
« frère et sœur, oncle et neveu, et autres alliés
« au degré ci-dessus, comme aussi entre les pu-
« pilles et leurs tuteurs, pour choses relatives à
« la tutelle, les parties seront tenues de nom-
« mer des parens, ou, à leur défaut, des *amis*
« ou *voisins* pour *arbitres*, devant lesquels ils
« éclairciront leurs différens, et qui, après les
« avoir entendus, et avoir pris les connais-
« sances nécessaires, rendront une décision mo-
« tivée.

« Chacune des parties nommera *deux arbi-*
« *tres*, etc. » (Loi du 24 août 1790, tit. 10,
art. 12, 13 et 14.)

Le moindre vice de cette *institution* était de gêner la liberté des familles, en les arrachant

à leurs juges naturels, et à l'exercice des droits 1791.
les plus précieux. Les autres abus se présentent
d'eux-mêmes, sans avoir besoin d'être signalés.

Qu'arriva-t-il? C'est que cette institution ne survécut que peu de temps à ses fondateurs. La *Convention* ne la jugea pas même digne d'entrer dans la *constitution de l'an 3* : réprobation tacite, qui fut depuis proclamée par un *décret* du corps législatif, du 26 novembre an 4.

Le *rapport* sur lequel cette suppression fut ordonnée, en développant tous les vices de cette institution, forme la censure la plus humiliante de l'imprévoyance de ses auteurs. (Voyez *le Moniteur* du mois de ventose an 4, N.° 165.)

§. IV.

Code civil.

L'uniformité des lois est une idée si simple qu'elle a dû nécessairement se présenter aux esprits les moins élevés, mais il n'y avait que des esprits d'une trempe supérieure qui fussent capables d'apprécier les inconvéniens et les abus de cette *unité*, commandée *sur-le-champ* et effectuée d'un *seul coup* et sans le concours du temps; par conséquent on devait bien s'attendre que ces législateurs d'un jour se précipiteraient vers la

1791. première idée , surtout dans l'espérance d'y voir des lois de leur façon figurer avec éclat.

Toutefois, ils ne se sentirent pas de force à ébranler ce grand œuvre, qu'ils léguèrent aux législatures suivantes :

« Les lois civiles seront revues et réformées « par les législatures, et il sera fait un *Code gé-* « *néral* de lois *simples, claires et appropriées à* « *la constitution.*

« Le Code de la *Procédure civile* sera inces- « samment réformé , de manière qu'elle soit ren- « due *plus simple, plus expéditive et moins coû-* « *teuse.* »

(Décret du 24 mars 1790 , tit. 2 , art. 20.)
Article qui fut ensuite transféré dans la *cons- titution*, en ces termes :

« Il sera fait un *Code de lois civiles* communes « à tout le royaume. »

Nous verrons , dans les époques suivantes , les vicissitudes malencontreuses de ce *Code civil,* qui échappa des mains des faiseurs dans l'état le plus déplorable.

§. V.

Code criminel.

L'assemblée *constituante* n'a pas fait de *Code criminel,* c'est-à-dire , un système de lois com- plet sur cette matière ; seulement elle a jeté çà

et là des matériaux précieux destinés à entrer 1791.
dans la confection d'un *Code criminel*, confiée aux
soins des législatures suivantes.

Entre ces données, il suffira de signaler les
plus importantes.

La première est l'introduction des *adjoints* dans
l'instruction des procès criminels : invention inju-
rieuse aux juges, et qui, sous prétexte d'assurer
la fidélité de l'instruction, devait paralyser l'action d'une procédure, dont le principal caractère
est d'être prompte et rapide.

Cette réformation, improvisée dans un intérêt
personnel (*Voy*. ce qui a été dit à ce sujet, p. 58),
laissait derrière elle une foule d'obscurités qui
faisaient la désolation de juges et comprome-
taient la sûreté publique.

Cet état effrayant avait duré plus de *vingt
mois*, lorsque, vaincus par l'urgence du cas, les
six tribunaux criminels (établis à Paris par le
décret du 14 mars) crurent enfin devoir recourir à l'*assemblée* pour sortir d'embarras.

Il y eut, à cet effet, une députation qui eut
son audience à la séance du soir du 2 *juin*
1791.

Le discours des députés est noble, vigoureux
et pressant. C'est là qu'il faut voir un relevé pi-
quant des bévues et des imprévoyances du décret

1791. de *réformation.* (Voyez le *Moniteur* du vendredi 3 juin 1791, N.º 154.)

L'assemblée se contenta de renvoyer l'*adresse* à son comité de *constitution* et de *jurisprudence criminelle*, et se sépara bientôt après, sans y avoir fait droit.

§. VI.

PUBLICITÉ de l'instruction, et Institution des conseils.

Il y avait long-temps que la *publicité de l'instruction* et l'admission d'un *conseil* auprès de l'accusé étaient sollicitées. Le *Barreau* ne put donc qu'applaudir à cette mesure ; mais, en même temps, la raison mettait des bornes à cette *publicité*, en ne l'ouvrant qu'après l'achèvement de la première procédure d'*instruction*, c'est-à-dire, après l'*information* et l'*interrogatoire*.

Bien plus, cette même *publicité*, salutaire dans des temps paisibles, est du plus dangereux effet durant l'effervescence de l'esprit de *parti* et d'agitation *révolutionnaire*. En pareil cas, ce n'est plus un *accusé* qu'on défère au tribunal pour y être *jugé* ; mais c'est une victime qu'on présente au *couteau* de la faction dominante.

Ce n'est pas tout de faire le *bien*, il faut le
faire à propos. Le *bien*, fait intempestivement,
peut souvent prendre le caractère d'un grand
mal, et l'*à-propos* est, en politique, ce que sont
les *saisons* à l'efficacité des *semailles*.

L'*assemblée* n'était pas assez mûre pour céder
à ces réflexions, et bientôt les effets de son imprévoyance se firent sentir dans le procès de
Favras.

Aussitôt que le peuple eut été associé à l'*instruction* par la *publicité*, il se considéra comme
faisant partie des juges ; il *vota* publiquement la
mort de Favras avec d'horribles hurlemens, et
plaça les juges dans l'alternative ou de subir la
mort ou de la prononcer.

Inutilement les juges s'entourèrent-ils de *canons* pour se mettre à l'abri des violences ; la force
resta du côté des *opinions populaires ;* et il est
permis de croire que jamais *Favras* n'eût péri,
si la *publicité* de l'*instruction* eût été retardée
seulement de six mois.

§. VII.

Institution des Jurés.

On ferait un gros livre de tout ce qui a été
débité dans l'*assemblée* sur l'institution des *jurés*.

1791. L'*engouement* de cette innovation avait tellement saisi les *deux côtés*, qu'il allait jusqu'à vouloir des *jurés* en matière civile.

Comme la mise en activité du *jury* fut reportée au 1.er *janvier* 1792, c'est sous cette période que nous y reviendrons.

§. VIII.

Tribunal de Cassation.

C'est du 27 *novembre* 1790 que date l'institution du *tribunal de cassation.*

Sa principale attribution (comme le porte son titre) était de statuer sur toutes les demandes en *cassation* de jugemens rendus en dernier ressort.

Ce même tribunal fut aussi investi des demandes de *renvoi* d'un tribunal à un autre, des *conflits* de juridiction, des *règlemens de juges* et des *prises à parties* contre un tribunal entier ; mais ce sont là des cas accessoires infiniment rares, et qui laissent la prédominance aux *pourvois en cassation.*

Ici, l'on peut observer un contraste assez bizarre dans l'allure de *l'assemblée* de 1789.

Au mois d'août 1790, quand il s'agissait d'établir des juges *sédentaires*, une foule de voix s'é-

criait : « Point de juges , point de tribunaux !
« Superfétation inutile que tout cela ! Il n'y aura
« plus de procès, quand une fois nous aurons
« régénéré l'espèce humaine par un *code moral*,
« quand nous l'aurons éclairée par un *code de*
« *lois*, si simples , si claires qu'elles seront à por-
« tée de la moindre intelligence , surtout *point de*
« *tribunaux* en *permanence*, qui sont un foyer
« d'orgueil et d'aristocratie. »

Et voilà que , trois mois après, ils établissent
un tribunal *supérieur*, nombreux et en *perma-*
nence , dont l'objet sera de *casser* les jugemens
rendus en dernier ressort par les tribunaux de
districts.

Assurément ce n'était pas un augure bien
favorable de supposer que le soin de *casser*
leurs jugemens exigeait l'établissement d'un
tribunal *ad hoc* , surtout quand ce tribunal n'é-
tendrait sa compétence que sur la *violation*
d'une loi positive, sans se mêler du *mal jugé*
au fond : car que serait-il devenu, si les tribunaux de districts n'eussent pas *violé* la loi ?

L'existence de ce nouveau tribunal n'était donc
fondée que sur une présomption peu honorable
pour les premiers juges. Or, comment concilier
cette présomption avec les déclarations répétées
trois mois auparavant, « que désormais la légis-
« lation serait réduite à un tel point de simplicité,

1791. « qu'il ne serait même pas nécessaire de *tribu-*
« *naux d'appel en permanence.* »

Il est vrai que ce tribunal (aujourd'hui *Cour de cassation*) a justifié la nécessité de son établissement par le choix de ses membres et la multiplicité des *violations* ou *fausses applications* de l'une des *milliers de lois* qui composent notre législation ; mais il n'en résulte pas moins que cette assemblée n'avait ni tenue, ni aplomb, et que des légèretés, des inconséquences et des contradictions venaient toujours se mêler avec ce qu'elle faisait de mieux.

§. IX.

Crimes de lèse-nation.

C'est un crime de l'*invention* de l'assemblée de 1789, qui ; à cet égard, se trouve véritablement *constituante.*

Jusqu'alors on ne connaissait, en France, que les crimes de *lèse-majesté* aux premier et deuxième chefs. Ces deux chefs réunissaient tous les attentats qui pouvaient intéresser la *nation*, confondue avec la *personne du Roi*.

Par exemple, c'était un crime de *lèse-majesté* au premier chef « que d'attenter à la personne « du souverain, ou à celle des enfans de France ;

(117)

« de conspirer, ou de faire des entreprises contre
« l'État, soit en se soulevant avec armes contre
« les ordres du Roi, soit en rassemblant des
« troupes contre lui, soit en excitant le peuple à
« la rébellion, soit en entretenant des intelligen-
« ces contre l'État. »

Dans tous ces cas, il y avait crime de *lèse-
majesté*, parce que, les intérêts du *Roi* étant in-
corporés à ceux de la *nation* de manière à
former une parfaite *identité*, il n'était pas possible d'attenter à la personne du monarque ou
à celle de ses enfans, sans se rendre criminel
envers la *nation*. Ainsi, l'une et l'autre espèce de
crimes étaient comprises sous le titre de *lèse-majesté* : dénomination consacrée depuis le premier
âge de la monarchie, et adoptée par toutes les
nations de l'Europe.

Mais l'assemblée (1), qui préparait de longue
main l'abolition du titre de *majesté*, débuta par
enlever au Roi cette incorporation, en lui assi-
gnant une condition tout-à-fait distincte (2).

____

(1) Ou, pour parler plus exactement, la *portion révolutionnaire* de l'assemblée, qui s'était mise en possession
de faire des décrets. (Voyez *suprà* la *note* au bas de la
pag. 55.

(2) Les *journaux* et *papiers* soudoyés par l'assemblée
habituaient le petit peuple à considérer le *Roi* comme un

(118)

1791.

Quand une fois on eut établi cette coupable doctrine, et qu'on eut brisé le lien intime qui unissait la *nation* avec son *Roi* pour en faire deux corps séparés, la monarchie reçut une atteinte mortelle qui annonçait sa ruine, et l'on peut considérer cette distinction comme le premier anneau du chaînon des forfaits qui ont préparé la journée du 21 *janvier* 1793.

Il est à remarquer que cette audacieuse entreprise parut à la suite des journées des 13 et 14 *juillet*, au milieu de l'effervescence populaire, qui venait d'outrager la puissance royale par la rébellion la plus criminelle, et dans un temps où il fallait habituer le petit peuple à ne voir dans son Roi qu'un *individu ordinaire,* qui n'avait rien de commun avec la *nation.*

---

simple particulier qui n'avait rien de supérieur au dernier individu.

Voici un exemple des blasphèmes dont l'assemblée autorisait la publication :

« Sous une constitution vraiment libre, et dans un état
« bien organisé, il n'y aucune différence entre l'*injure*
« faite au *prince,* et celle faite au plus simple citoyen.
« Lorsque les lois sont sages et prévoyantes, la *mort d'un*
« *Roi* n'apporte pas plus de préjudice à la chose publique
« que celle du dernier des huissiers. » (*Révol. de Paris,*
N.º 68. – 1790.

L'assemblée profita de la circonstance pour la fabrication du crime de *lèse-nation* : dénomination employée dans sa proclamation du 23 *juillet* 1789. Le mot de *majesté* ne s'y trouve pas une seule fois ; on n'y donne au Roi que le titre de *chef de la nation.*

Elle saisit aussi cette occasion pour empiéter sur ce qu'elle appelait le *pouvoir exécutif*, en déclarant, par cette même *proclamation*, que la poursuite des *crimes de lèse-nation* appartient aux *représentans de la nation*, se réservant d'établir un tribunal pour ces *sortes de crimes* (1).

Effectivement, trois mois après, par décret du 14 *octobre*, elle commet le Châtelet de Paris pour *informer*, *décréter* et *instruire* contre tous prévenus et accusés du crime de *lèse-nation*.

Mais bientôt, mécontente de ce tribunal dans l'affaire des 5 et 6 *octobre* 1789, elle lui retire cette attribution ; et, par un autre décret du 21 *janvier* 1791, elle ordonna au *comité de constitution* de proposer un plan pour l'établissement

____

(1) « La poursuite des crimes de lèse-nation appartient « aux *représentans*. »

Voilà, sous les yeux du Roi, l'assemblée qui s'empare du *pouvoir judiciaire !* Quelle confusion ! Et que devenait la *séparation des pouvoirs* tant prêchée par cette assemblée ?

1791. d'un tribunal spécial pour juger les crimes de lèse-nation.

Enfin, par décret du 13 *mars* 1791, ce tribunal fut fixé provisoirement à Orléans, et composé de *quinze juges*, pris dans les quinze tribunaux de districts les plus voisins, *d'un commissaire du Roi, d'un accusateur public et d'un greffier*.

Ce tribunal ne dura que huit mois, et fut remplacé définitivement par un autre, sous le titre de *haute cour nationale*. (Décret du 20 septembre 1791. Voyez *infrà*.)

Ce qui mérite attention, c'est que l'assemblée, en instituant cette *nouvelle espèce de crime*, ne s'occupa pas de la *définir*, ni d'en désigner les caractères, de manière que la qualification de *crime de lèse-nation* pouvait être appliquée arbitrairement. Ayant une fois établi en principe qu'elle seule représentait la *nation*, elle en concluait que tout ce qui blessait *l'assemblée* formait crime de *lèse-nation*.

C'est par l'effet de cette épouvantable latitude que *Favras* fut envoyé au supplice, sur une accusation qui n'avait aucun des caractères de *crimes de lèse-majesté* (1).

____

(1) Le prétendu crime de *Favras* était d'avoir *conçu*

L'accusation de crime de *lèse-nation* n'était 1791. donc, entre les mains de l'assemblée, qu'un instrument de vengeance et de terreur, et ce fut le germe de l'affreux *tribunal révolutionnaire* de 1793.

§. X.

Haute Cour nationale.

Autre invention de l'*assemblée constituante.*

Comme elle se méfiait du Châtelet et du tribunal établi à Orléans, pour le fait des crimes de *lèse-nation* (auxquels ces tribunaux ne comprenaient rien), elle imagina de fabriquer une cour *ad hoc*, qui, par le genre de sa composition, imprimerait une forte terreur aux détracteurs de la *constitution;* car, dans la vérité, ce qu'on

---

l'idée de l'enlèvement du Roi. Or, de deux choses l'une : Le plan avait ou n'avait pas l'aveu du Roi.

Au premier cas, où était donc le crime d'un sujet de prêter son secours à son Roi qui le réclame ?

Au second cas, s'il s'agissait d'un enlèvement dénué de l'aveu du Roi, il n'y avait que le Roi qui pût s'en plaindre : ajoutez que cette entreprise n'avait jamais eu un *commencement d'exécution*, et que le plan du prétendu enlèvement se composait de *ouï-dire* et de *confidences.*

1791. déguisait sous le crime de *lèse -nation* n'était autre chose que celui de *lèse-assemblée.*

Ce fut le 10 *mai* 1791 que cette nouvelle cour reçut son organisation, dont voici la substance :

Quatre juges et *trente-six jurés*, dits *hauts jurés.*

« Lors des *élections* pour le renouvellement d'une législature, les électeurs de chaque département, après avoir nommé les *représentans au corps législatif,* devaient élire deux citoyens, lesquels demeureraient inscrits sur le tableau dit *haut juré* pendant tout le cours de cette législature.

« Cette cour était investie de la connaissance de tous les crimes et délits dont le *corps législatif se porterait accusateur.*

« Elle n'était pas permanente, ne devant se former que sur la convocation du corps législatif dans un lieu désigné, sur un *décret d'accusation* préalablement prononcé par le corps législatif, et qui aurait l'effet d'un décret de *prise de corps.*

« A cette époque de la procédure, le corps législatif nommait deux de ses membres sous le titre de *grands procurateurs de la nation,* pour faire, *auprès de la haute cour nationale,* la poursuite de l'accusation.

« Le *tribunal de cassation* fournissait quatre

grands juges qui présidaient à l'instruction, et le
Roi était prié d'y envoyer deux *commissaires.*» 1791.

Ce même *décret* contenait d'autres détails
d'exécution que nous aurons occasion de rappeler
au livre suivant, car ce ne fut que sous la législature de 1792 que cette cour fut mise en activité
pour la première et la dernière fois, ayant été
trouvée si ridicule, qu'elle fut supprimée tout aussitôt et remplacée par les *massacres des prison-
niers*, comme on le verra au second livre.

Ainsi l'*assemblée constituante* joignit, à la
honte d'une institution *coupable*, celle de ne l'avoir
pas même su organiser avec intelligence (1).

§. XI.

ÉLIGIBILITÉ des Juges à temps.

Nous ne considérons pas ici le mode d'*élection*
sous son rapport avec ses inconvéniens nombreux
pour l'administration de la justice, dont le
moindre est de tenir les juges dans la dépendance

---

(1) Cette *création* fut l'objet des plus piquantes épi-
grammes : les plus chauds révolutionnaires, en relevèrent les inconséquences. (Voyez les *Révolut. de Paris,*
tom. 7, pag. 123, N.º 68.) On lui reprocha hautement
d'être *absolument vicieux, impraticable et complètement
absurde.*

1791. des factieux, et perpétuellement placés entre leurs devoirs et leurs intérêts.

Il suffit ici de considérer l'*éligibilité* des juges dans ses rapports avec l'autorité royale et l'harmonie du barreau.

Séparer le *Roi* de la *nation*, c'était déjà prononcer la ruine de l'autorité royale, qui tire sa plus grande force de cette incorporation; et il n'y avait plus qu'un pas à faire pour le dépouiller de l'attribut le plus essentiel de la couronne.

Personne n'ignore que la dispensation de la justice est tellement inhérente au trône qu'elle n'en peut être distraite.

Etant, tout à-la-fois, un droit honorifique et un devoir obligatoire, tout monarque peut rendre la justice en personne, et, s'il emprunte l'intermédiaire des magistrats, c'est que, dans un grand empire, la dispensation personnelle de la justice est incompatible avec ses occupations : mais le droit n'en existe pas moins, et il y a peu de règnes en France, sous la *troisième race*, qui n'offrent un exemple de l'exercice de ces droits, depuis Saint-Louis, qui rendait la justice sous le *chêne* de Vincennes, jusqu'à Louis XIII (1), qui présidait à la grand'chambre.

---

(1) 1636, le 20 décembre, Louis XIII vint tenir son

Lorsque le monarque préside en personne, as- 1791.
sisté de ses conseillers, la *majorité* des opinions
n'enchaîne pas sa volonté et ne vaut que comme
avis, dont il est loisible au monarque de s'écarter,
car la présence du *représenté* fait disparaître les
droits du *représentant*.

---

lit de justice pour l'enregistrement de plusieurs édits bur-
saux. Dans cette séance on enregistra les provisions de
chancelier accordées à M. *Seguier* après le décès de
M. *d'Aligre*.

Avant la clôture de la *séance royale*, le Roi fit *appeler
une cause* à laquelle il prenait intérêt, et qu'il avait fait
indiquer à ce même jour.

L'*appel* de la cause fut ainsi proclamé :

« PLAISE au Roi, *mon souverain seigneur*,

« DONNER audience au sieur comte d'Harcourt, *de-*
« *mandeur* ;

« *Contre* la dame duchesse douairière d'*Elbeuf*, etc. »

Aucun avocat ne s'étant présenté pour la duchesse
d'Elbeuf, M. le chancelier ordonna qu'elle serait *réap-
pelée* et *rapportée*.

Ce qui fut fait à l'instant par le premier huissier.

Alors Gauthier, l'avocat du comte d'Harcourt, expli-
qua la cause, et conclut à ce qu'il plût au *Roi* d'adjuger
sur-le-champ le *profit du défaut*.

L'avocat-général *Bignon* fut entendu, et donna ses
conclusions contre la défaillante.

La chambre, ayant pris l'avis du Roi, prononça l'arrêt.

Ainsi : *Sa Majesté* DONNE *défaut*, etc.

1791. Tels étaient les principes de notre antique *constitution*, à l'époque de 1789 (1).

Une conséquence nécessaire de cette prérogative était de choisir et nommer ses *conseillers :* mais ce fut précisément cet attribut royal que le parti démocratique se proposa d'anéantir pour le transférer au parti populaire, par *forme d'élection.*

De là cette disposition dans le décret concernant l'*ordre judiciaire* au titre II.

« Les juges seront élus par les justiciables.

« Ils seront élus *pour six ans ;* à l'expiration « de ce temps, il sera procédé à une *élection* « *nouvelle*, dans laquelle ces mêmes juges « pourront être réélus. » (*Décret* du 24 aout 1791, art. III et IV.)

Toute la faveur que le décret fait au Roi se réduit à lui laisser la délivrance des *provisions*, ré-

---

(1) *De notre antique constitution.* Rien n'est plus vrai que l'existence de cette *antique constitution*, bien autrement sage que le simulacre de *constitution* imaginée par les réformateurs de 1791, qui n'avaient pas même assez de connaissance de notre histoire pour la soupçonner, et qui parlaient sans cesse du besoin de *constitution* à une nation qui avait une *constitution* âgée de plus de mille ans, et sous laquelle elle était parvenue à un si haut point de prospérité.

(Voyez *infrà* le §. XV, pag. 142.

digées en son nom, mais à condition qu'elles seront scellées du *sceau de l'état*, et encore à la charge « qu'elles ne pourront être refusées, et « seront expédiées sans retard et sans frais sur la « seule présentation du procès - verbal d'élec- » tion. »

Cette obligation de prendre des *provisions* du Roi est une espèce d'hommage rendu aux principes. C'est le dernier cri arraché à des factieux qui n'osent pas encore renverser le trône; mais que dire de cette disposition : « ne pourront être « refusées et seront expédiées sans retard, sur la « seule présentation du procès-verbal d'élection. » A quoi servait donc la formalité des lettres patentes? quoi! le roi de France était ravalé au point d'être obligé (sous peine de crime de *lèse-nation*) de faire expédier des provisions aux états, *sur la présentation d'un procès-verbal d'élection*, et de recevoir, des mains d'une poignée d'électeurs, les magistrats qui devaient rendre la justice *en son nom*.

Voila donc le roi de France travesti en simple commis *expéditionnaire* des *ordres* intimés par les électeurs.

Mais l'assemblée va plus loin, et, accumulant les outrages, elle asservit le Roi à la *formule* des lettres patentes dont il ne lui est pas permis de s'écarter, et qui lui est fournie par l'art. VII.

« Les *lettres patentes* seront conçues dans les
« termes suivans :

« *LOUIS,* etc.

« Les *électeurs* du district de…, nous ayant fait
« présenter le *procès-verbal de l'élection* qu'ils ont
« faite, conformément aux décrets constitution-
« nels, de la personne du sieur…, pour remplir,
« pendant six années, un office de juge du district
« de…, nous *avons déclaré et déclarons* que le
« sieur *est juge* du district de… »

Remarquez bien que, d'après cette *formule,* la
volonté du Roi n'entre pour rien dans l'élection, et
qu'on ne lui laisse pas même les honneurs d'une
ratification apparente.

Ici le monarque ne fait d'autre office, dans les
provisions, que de *déclarer* le choix de l'*assemblée
électorale,* c'est-à-dire, l'office d'un employé su-
balterne, qui notifie les *ordres* de ses supérieurs,
ou d'un commis de bureau, qui *légalise* les signatures, ou les *certifie* véritables.

Une autre grace cependant lui est généreu-
sement accordée, c'est celle de nommer *à vie* les
officiers chargés des fonctions du *ministère public,*
lesquels sont (par l'art. 1.er du titre VIII) décorés
du titre d'*agens du pouvoir exécutif* près des tribunaux, et de *commissaires du Roi.*

Ce qui nous amène aux considérations suivantes :

1.º Pourquoi cette bigarrure entre les *commis-* 1791. *saires* du Roi et les *juges* sur la durée de leurs fonctions ?

2.ᵉ Pourquoi cette autre singularité d'un magistrat *nommé par le Roi*, au milieu d'autres juges nommés par le *peuple?* N'en doutons pas, ces différences cachaient l'arrière-pensée de mettre perpétuellement aux prises le fonctionnaire royal avec les juges du peuple, à l'aide de discussions, d'oppositions et de démélés élevés dans le sein du tribunal, dont le résultat serait la suppression du *commissaire royal*, pour le remplacer par un *commissaire national* (ce qui est effectivement arrivé sous la législature suivante); ainsi, le peu de participation qu'on feignait de laisser au Roi dans l'administration de la justice n'était autre chose qu'un piége pour lui préparer de nouveaux embarras.

Cet infortuné monarque était-il abreuvé d'assez d'amertumes ?

A ces entraves humiliantes, est il possible de reconnaître un *roi de France?* n'était-ce pas déshonorer ce superbe titre, que de l'associer à un pareil *servage?*

Les *factieux* sentaient aux-mêmes ce que ce contraste avait de révoltant et de ridicule, et ils ne trouvèrent pas d'autre moyen de le faire cesser que de dépouiller leur victime du nom de *roi de*

1791. *France*, pour ensuite le frapper avec moins de scrupule.

§. XII.

ABOLITION du titre de ROI DE FRANCE, et sa transformation en celui de ROI DES FRANÇAIS.

Depuis la fondation de la monarchie, on ne connaissait pas d'autre *formule* dans la *promulgation des lois* et la *rédaction des jugemens* que celle de *N*** Roi de France par la grâce de Dieu*, titre magnifique sous lequel le monarque était connu aux extrémités les plus reculées.

Mais cette qualification de *Roi de France par la grâce de Dieu* ne parut plus convenable à une assemblée qui se proposait bien de faire disparaître jusqu'à l'ombre de *royauté*, ou qui voulait que si peu qu'elle en laisserait fût par *sa grâce* et non *par la grâce de Dieu*.

Ce fut à la suite des journées douloureuses des 5 et 6 octobre que l'assemblée mit ce nouvel outrage à *l'ordre du jour*, à l'occasion de la *formule* de la *promulgation des lois*.

Robespierre en fit l'ouverture.

Un de ses collègues du *côté gauche*, s'empressa d'appuyer cette motion séditieuse, en proposant d'effacer de la *promulgation des lois* et de la *rédac-*

tion des arrêts, jugemens et autres actes exécutoires, le titre de *Roi de France*, pour lui substi-
tuercelui-ci : *Louis*, par la *grâce de Dieu* et par
la loi du royaume, Roi des Français.

Pétion, trouvant trop de mollesse dans l'expression *par la loi du royaume*, proposa de la
remplacer par ces mots : *par le consentement de la
nation.*

Mais il rejeta impitoyablement *la grâce de
Dieu*, car, dit-il, un roi n'est roi que *par la grâce
des peuples.*

Mirabeau voulait conserver *la grâce de Dieu*,
pourvu qu'on l'accollât à la *loi constitutionelle de
l'état* en ces termes :

« *Louis, par la grâce de Dieu* et *la loi consti-
« tutionnelle de l'état, Roi des Français.* »

M. *Freteau*, en adoptant la *grâce de Dieu*,
comme Mirabeau, proposa d'y ajouter : et *par le
choix du peuple.*

Beaucoup d'autres du même bord votèrent
pour la suppression de *Roi de France*, remplacée par *Roi des Français.*

Parmi la foule d'absurdités et d'inconséquences
qui furent débitées à cette occasion, on trouve
celle-ci : « que le titre de *Roi de France* est une
« dénomination *féodale*, qui suppose la seigneu-
« rie du territoire français, au lieu que le titre

1791. « de *Roi des Français* n'annonçait que le gou-
« vernement des *individus français.* »

Subtilité scolastique, qui avait été exhumée des mille et un paradoxes du *Contrat social* de *J. J. Rousseau* (1).

« (1) Les anciens monarques, dit-il, ne s'appelant que « *Rois des Perses*, des *Macédoniens*, des *Scythes*, sem- « blaient se regarder plutôt comme les chefs des hommes « que comme les maîtres du pays ; ceux d'aujourd'hui « s'appellent plus habilement *Rois de France*, *d'Espagne*, « *d'Angleterre*, et, en tenant ainsi le terrain, ils sont « bien sûrs d'en tenir les habitans. » (*Contrat social.*)

Cette misérable argutie, que le goût des sophismes suggérait au philosophe génevois, fut, dans le temps, l'objet de la dérision des gens sensés et la matière intarissable des plus vifs sarcasmes.

Les plaisans s'apitoyaient sur ces pauvres nations européennes, qui avaient souffert si paisiblement que leurs souverains prissent les titres de Roi d'*Angleterre*, Roi de *Prusse*, Roi d'*Espagne*, de *Naples*, Empereur de la *Russie Blanche*, au lieu de les réduire à la qualification de Rois des *Anglais*, des *Prussiens*, des *Espagnols*, des *Napolitains*, des *Russes Blancs*, etc. Ils déploraient la stupidité de ces peuples de n'avoir pas su profiter de cette distinction salutaire.

Les gens sérieux remarquaient l'inconséquence et la ridicule logique du *Génevois*, en lui rétorquant l'argument : « que celui qui tient les *individus* sous son pouvoir « est bien sûr d'y tenir leurs *propriétés.* »

Après avoir décrété la transmutation du titre de *Roi de France* en celui de *Roi des Français*, et avoir bien voulu admettre la *grâce de Dieu de société avec la loi constitutionnelle*, il restait à savoir ce que l'on ferait du titre du *Roi de Navarre*; car la couronne de *Navarre* était tout-à-fait distincte de celle de *France*.

On proposa d'abord d'ajouter au titre de *Roi des Français* celui de *Roi des Navarrois*; ce qui jeta l'assemblée dans de longues dissertations sur la question de savoir si cette nouvelle dénomination serait du goût de la *nation navarroise*. (1)

1791.

---

(1) La Navarre n'était ni un pays conquis, ni une *province de France*; elle n'était pas même dans sa *mouvance*. Aucun rapport ne l'attachait à la France que celui qui résultait d'une espèce de confraternité.

C'était un royaume *indépendant*, ayant ses *constitutions*, ses *états* et son *roi*.

Lorsque Henri IV monta sur le trône de France, il ne perdit ni la qualité, ni le titre de *Roi de Navarre*, et c'est pour cela qu'il s'intitulait *Roi de France et de Navarre*.

Si, en 1607, ce prince consentit la réunion de ses propriétés patrimoniales à la couronne de France, cette réunion n'eut lieu que pour les duchés qu'il possédait en France, et ne fut point applicable aux biens situés en Béarn et en Navarre, qui continuèrent de lui rester *personnels*.

A plus forte raison, la réunion n'eut aucun rapport à

1791.

Mais, sur l'observation faite par quelques membres du *côté gauche*, que ce serait beaucoup d'honneur pour le *petit royaume* de Navarre d'être incorporé dans la *grande nation*, de prendre sa quote part de la *souveraineté* nationale, et de faire siéger ses députés dans la *plus auguste assemblée de l'univers*, *l'assemblée* se rendit à de si puissantes considérations et décréta la fusion des deux peuples en ces termes :

« Le seul titre du Roi sera, *Roi des Français*.

« La promulgation des lois sera ainsi conçue :

« Louis, *par la grâce de Dieu et la loi consti-*
« *tutionnelle de l'Etat, Roi des Français*, à tous
« présens et à venir, *salut*.

« *L'assemblée nationale* a *décrété*, et *nous vou-*
« *lons et ordonnons* ce qui suit :

« Mandons et ordonnons, etc. (Décret du 9
« novembre 1789. » (1)

Ainsi, il ne fallut que quelques lignes d'un décret par *assis* et *levé* pour dépouiller le Roi de sa

---

la couronne, et l'on pense bien que les états d'un royaume *indépendant* et assez puissant pour se défendre n'auraient pas consenti à devenir *provinces de France*.

Il ne fallait pas moins que la révolution pour convertir un *royaume* en *départemens*.

(1) *Moniteur* de 1789, N.os 69 et 72.

seconde couronne , et conquérir un royaume. Il 1791.
n'y eut jamais de conquête à si peu de frais.

§. XIII.

Abolition des lettres de grâce.

Le droit de faire *grâce* fut, de tout temps , considéré en France comme un attribut inséparable de la *Couronne*, et tellement inhérent à la personne du Prince, que même il était *incommunicable*, parce que ce partage serait en quelque sorte une association à la royauté.

Mais la *faction* n'avait garde de laisser à un *Roi des Français* ce signe caractéristique de la souveraineté qu'elle entendait réserver pour elle-même.

Ce fut dans la séance du 3 *juin* 1791 que la première discussion s'ouvrit sur ce point, à l'occasion d'un article du *Code pénal*, ainsi conçu :

« L'usage des *lettres de grâce*, de *rémission*,
« de *pardon*, de *commutation*, de *peines*, est
« ABOLI. »

Tout le côté droit s'éleva contre ce nouvel outrage fait à la puissance royale.

Mais les énergumènes du *côté gauche* combattirent avec une espèce de rage pour le soutien de l'article, qui fut décrété deux jours après (5 juin) avec le caractère d'article *constitutionnel*.

Ce dernier trait consomma l'extinction de la monarchie.

Ainsi disparut de la liste des souverains de l'Europe le *Roi de France et de Navarre*, qui se trouva réduit à la condition d'un *Président de district*.

§. XIV.

Abolition d'une *Religion de l'Etat*.

Ceux qui avaient déjà sapé avec tant de violence les fondemens du *trône*, et qui préparaient sa subversion entière, n'avaient garde d'épargner la *religion*, ni de l'admettre comme partie intégrante du gouvernement.

Cette intention s'était déclarée aussitôt que l'assemblée eut dénaturé sa mission, pour s'affubler du titre *d'assemblée nationale*.

Lorsqu'il fut question de régler les divers objets qui feraient la matière de la *nouvelle constitution* du royaume, on vit avec surprise qu'il n'y avait pas de place assignée à la *religion*. Un membre du clergé frappé de cette omission s'écrie : « nous allons nous occuper d'une *constitu-* « *tion*; il est temps de consacrer à jamais la *reli-* « *gion* que nous professons. »

Mais la proposition est à l'instant couverte de

vociférations qui forcent l'orateur de descendre
de la tribune. (séance du jeudi 27 août 1789).

Six mois après (12 février-1790), les orateurs du *côté gauche* affectant de lâcher, dans toutes les occasions, des sarcasmes sur les objets les plus révérés de la religion (sarcasmes toujours applaudis par les philosophes de ce côté-là), la même proposition se reproduisit au *côté droit* pour la reconnaissance de la *religion catholique* pour la *religion* de l'Etat.

Mais le tumulte recommence comme au mois d'*août* 1789, et l'évêque de Nancy, qui avait fait la motion, fut réduit à la nécessité de se justifier :

« Il est, disait-il, des circonstances impérieu-
« ses. Pourquoi ai-je fait la motion de déclarer que
« la *religion catholique* est celle de l'Etat ? C'est
« parce que tous les cahiers nous obligent de de-
« mander, avant tout, cette déclaration. Quand
« nous assistons ici pour entendre à *chaque ins-*
« *tant* et *en ce moment même* blasphémer la re-
« ligion, il n'est pas possible de ne pas réclamer ;
« lorsqu'il sera question de la religion de nos
« pères, souffrirez-vous que des idées *philoso-*
« *phiques* fermentent dans cette assemblée, et
« fassent éclipser cette religion ? Voilà les motifs
« de ma *motion*, et je demande qu'elle soit mise
« en *délibération sur-le-champ.*

1791. De grands cris s'élèvent aussitôt contre la mise en *délibération*, sous le prétexte que c'était chose trop *notoire* pour être l'objet d'une question.

M. *de Cazalès* fait observer que la notoriété n'empêche pas de la consacrer par une *déclaration authentique et solennelle*. «Qu'y a-t-il de plus « notoire que le gouvernement monarchique ? « et cependant vous en avez fait un *article consti-* « *tutionnel*; pourquoi n'en pas faire autant pour « la *religion catholique?* Si vous êtes de bonne foi, « il ne faut que *trois minutes* pour faire la décla- « ration qu'on vous demande. »

Mais le *côté gauche* y résiste opiniâtrément et se débarrasse de cette crise en protestant de son attachement à la *religion catholique*, qui ne courait pas plus de danger que n'en avait couru la *royauté*; et ce misérable persiflage fut terminé par un *ordre du jour*. (Séance du Samedi 13 fé-vrier 1790. *Moniteur*, n.º 45.)

Cette protestation dérisoire, bien loin d'assurer la *religion catholique* en France, laissait entrevoir la plus douloureuse perspective, et les craintes furent bien justifiées par la conduite ultérieure de l'assemblée, qui annonça sans ménagement le système tout-à-fait *anti-religieux*.

A la vue du débordement de blasphèmes dont les orateurs continuèrent d'inonder leurs discours, le *côté droit*, convaincu qu'il y avait une conjuration contre la *religion catholique*, revint à sa proposition, tant de fois rejetée, de *déclarer la religion catholique religion* de *l'Etat*. Ce fut *Dom Gerle*, chartreux, qui en reproduisit la motion en ces termes, dans la séance du 12 avril.

« Pour fermer la bouche à ceux qui calomnient
« l'assemblée, en disant qu'*elle ne veut pas de*
« *religion*, je demande qu'il soit décrété que la *re-*
« *ligion catholique, apostolique et romaine* est et
« demeurera pour toujours la *religion de la na-*
« *tion.* »

Même vacarme du *côté gauche*, le tout terminé encore au milieu du tumulte par un *ordre du jour*. (Moniteur, avril 1790, n.° 104.)

Cette répugnance persévérante à déclarer la *religion catholique religion* de *l'Etat* avait pour motif le projet d'abolir non-seulement la religion catholique, mais encore toute espèce de religion dans le royaume, d'après le système philosophique des *Diderot*, des *Raynal*, et autres politiques de cette trempe, qui répétaient, depuis un siècle, qu'un état bien constitué pouvait *se passer de religion*, et les novateurs avaient conçu l'idée d'en faire l'essai sur la France.

Ainsi, quoique d'abord il parût que l'assemblée n'en voulait qu'à la *religion catholique*, la vérité était qu'elle n'en admettait aucune, laissant à

1791. chacun la liberté de se faire une *religion* à sa guise, sans que le gouvernement s'en mêlât.

Ainsi ce que les réformateurs appelaient *tolérance* de *toutes* les religions n'était que le mépris de *toutes*.

Les sorties anti-religieuses, disséminées dans tous leurs discours, et colportées dans toutes les classes par la voie des *papiers publics*, produisirent l'effet qu'ils s'étaient proposé, et ce fut l'époque qu'on peut assigner à l'irréligion du peuple.

Ce secret, si long-temps déguisé, lui échappa enfin dans la *constitution de* 1791 ; non pas, il est vrai, en toutes lettres, mais adroitement enveloppé dans l'art. du titre 2 qui porte :

« La loi ne considère le mariage que comme « *contrat civil.* »

L'objet de ce *laconisme* affecté était d'éloigner l'attention du public, pour ne point effaroucher les esprits. Mais *lat t anguis in herbâ.*

Avec un peu de réflexion, on découvre dans cette *ligne et demie* le renversement de la *religion catholique*, et même de toute espèce de religion.

En effet, au sein d'une religion qui considère le *mariage* comme un *sacrement*, proclamer que le mariage n'est, devant la loi, qu'un simple *contrat civil* et dégagé de tout caractère religieux, c'est

bien, sans doute, se mettre en état d'hostilité
avec la *religion catholique*. 1791.

La *religion catholique* n'admet de mariage
que comme *sacrement* basé sur le *contrat civil*,
de sorte que le mariage se compose de deux
parties, le *lien civil* et le *lien religieux*. Otez
l'un ou l'autre, il n'y a plus de *mariage*.

Le *contrat civil*, sans le *lien religieux*, ne
présente au *vrai catholique* qu'une ombre de
mariage et un concubinage déguisé.

Et, d'un autre côté, le *lien religieux* ne forme
le *sacrement* qu'autant qu'il est précédé d'un
contrat civil conforme aux *lois et règlemens du
pays*.

Le *mariage* a donc besoin du concours des
deux puissances.

Il n'est pas question ici d'argumenter sur le
mérite de cette doctrine ; quelque opinion qu'on
en puisse avoir, le fait est que telle est la doctrine de la *religion catholique*, doctrine qui est
renversée de fond en comble par la disposition
« qui soumet les tribunaux à ne juger à l'avenir
« le mariage que sous son rapport avec le *con-*
« *trat civil*, et qui attache au simple *contrat*
« *civil* la force d'un véritable mariage *sans le*
« *concours de la religion*. »

On ne pouvait pas plus ouvertement prononcer L'ABJURATION de la *religion catholique*.

1791.

Voilà un des bienfaits du *philosophisme* moderne ; et c'était à quoi voulaient en venir les disciples d'un *chef* qui leur avait sans cesse recommandé *d'écraser la religion catholique*, qu'il ne désignait que sous une épithète outrageante (1).

Au surplus, les *constituans*, en outrageant ainsi la religion, accomplissaient leur promesse. N'avaient-ils pas annoncé qu'ils ne respecteraient pas moins la *religion* que la *royauté*, et qu'ils les traiteratent toutes deux avec les mêmes égards ? (*Voyez* ci-dessus, *pag.* 138.) C'était assez dire qu'ils travailleraient à sa subversion, et ils ont tenu parole.

§. XV.

Dénomination d'ASSEMBLÉE NATIONALE, et Constitution de 1791.

Puisque c'est à cette *constitution* que l'on doit l'extermination des cours et tribunaux, le désordre introduit dans le Barreau, et enfin le renversement de *l'ordre judiciaire*, il entre nécessairement dans le plan de notre ouvrage d'ap-

---

(1) Voyez la *Correspondance de Voltaire*, qui termine ses *Lettres* par cette formule : *Écrasez l'infâme !*

précier le mérite de cette production, sous le rapport de la *compétence* de ses auteurs.

De quoi s'agissait - il ? De renverser nos antiques institutions pour les remplacer par une
constitution plus appropriée, disait-on , aux mœurs
actuelles.

Mais cette spéculation formait déjà un crime
d'état , un appel à la rébellion , un attentat à la
sûreté du trône et de l'autel ; et il n'y avait qu'une
extrême faiblesse du gouvernement qui pût to-
léer une réunion d'hommes , qui s'annonçaient
hautement comme les destructeurs de la constitution de leur pays.

Ne pouvant pas s'aveugler sur la gravité d'une
pareille entreprise, la *faction* se réfugie dans
la supposition « que la France n'avait pas et *n'a-*
« *vait jamais eu de constitution ;* qu'elle était
« gouvernée arbitrairement, au jour le jour,
« sans règle fixe ; qu'il était temps enfin de lui
« faire le don d'un si grand bienfait, » et elle
se chargea de cette tâche, en prenant le titre
d'*assemblée constituante*.

Les gens instruits furent à bon droit scanda-
lisés de cette étrange assertion ; mais que faire
contre la force d'une assemblée qui s'étant em-
parée de l'armée et de la multitude, tenant le
Roi en captivité, avait pris la précaution d'exterminer les tribunaux conservateurs de nos cons-

titutions, et qui avait établi un tribunal *de mort* pour étouffer les réclamations propres à traverser la *nouvelle constitution*.

Comme, depuis cette malheureuse époque, ce besoin imaginaire d'une *constitution* s'est naturalisé dans toutes les assemblées qui ont suivi (sans en excepter la dernière), et qu'il est même parvenu à égarer de bons esprits, c'est ici l'occasion d'en démontrer l'illusion.

On peut tenir pour certain qu'au moment où la *faction* de 1789 attestait que la France *manquait de constitution*, il en existait une depuis plus de *douze cents* ans; *constitution* rappelée sans cesse par toutes les *cours souveraines*, et surtout par les *parlemens*, qui en étaient établis les *conservateurs*; *constitution* perpétuellement citée par les jurisconsultes français, admirée par les étrangers, qui la regardaient comme la plus parfaite combinaison de l'esprit de civilisation (1).

Il est vrai que cette *constitution* n'existait pas

____

(1) « Parmi les royaumes bien ordonnés et bien gou- « vernés (dit *Machiavel*) est celui de France ; car il s'y « trouve une infinité de bons établissemens d'où depen- « dent la *sûreté du Roi* et la *liberté du peuple.* »

Mais c'était précisément parce que cette antique *constitution* faisait la *sûreté des Rois* que l'assemblée n'en voulait pas.

sous la forme de *titres, chapitres, sections* et *paragraphes*.

Elle n'était pas l'ouvrage d'une assemblée nombreuse, composée d'élémens hétérogènes.

Elle n'était pas le ramas bizarre de *décrets improvisés*, vociférés avec emportement au sein du tumulte et du désordre.

Ce ne fut pas même le produit de la méditation d'un seul homme, abandonné à ses propres conceptions et au jeu de son imagination.

Elle se composait de diverses *constitutions* et de *chartes* particulières de différentes dates, dont les unes se rattachaient au berceau de la monarchie; les autres aux deux dernières races, et TOUTES revêtues de ce caractère antique qui les rendait inviolables (1).

En effet, une CONSTITUTION n'est pas l'affaire d'un seul *jet*, ni une production simultanée de l'esprit; à bien dire, une *constitution* ne se fait pas, c'est le *temps* seul qui peut la faire. Elle

----

(1) La plupart des lois contenues dans les *Capitulaires* des lois de la seconde race sont expressément déclarées *constitutionnelles*, et accompagnées de la clause d'*inviolabilité* et de *perpétuité*, et de dépôt dans les *archives* du royaume.

« *Ut sivè nostris, sivè* successorum temporibus *rata*
« *sint et* inviolabiliter *conserventur*, in publico archivo
« *recondantur*. »

1791. se sompose de pièces rapportées et par *juxta-position*, comme les minéraux et les métaux.

Le tableau qui expose la *constitution* d'un pays n'est pas *constitutif*, mais seulement *décla-ratif*. On doit le considérer comme un simple *mémorial*. La raison ne se prête pas à une cons-titution *nouveau-née*. Tant qu'elle est *sur papier*, sans avoir passé par l'épreuve des siècles, ce n'est encore qu'un simple projet mis à l'essai, et qui attend sa consécration. Une vraie *constitu-tion* est nécessairement *vieille*, et c'est cet avan-tage que possédait le royaume de France en 1789.

En rassemblant ces diverses lois *constitution-nelles* ou *fondamentales* qui gouvernaient le royaume en 1789, il est possible de le réduire en un corps *constitutionnel*, ainsi conçu :

ARTICLE PREMIER.

« Monarchie absolue, mais non arbitraire, et
« tempérée par les lois (1). »

____

(1) Il n'y a pas de contradiction entre les deux qualités *absolue* et *tempérée*; car on ne doit pas confondre la puissance absolue avec la puissance *arbitraire*.

La monachie française est *limitée* en ce sens que le prince ne peut pas faire la loi *par sa seule volonté*, mais qu'il a besoin d'un *corps intermédiaire* pour lui donner la *dernière forme*.

La monarchie française est *absolue* en ce sens qu'il ne

Art. II.

« Succession à la couronne, par *substitution*
« de mâle en mâle, l'ordre de la primogéniture
« observé (1). »

---

tient qu'au Roi de faire ou de ne pas faire la loi, aucun
pouvoir ne pouvant le forcer de faire une loi contre son
gré. Elle est encore absolue, en ce que la loi étant faite
d'après les *formalités constitutionnelles*, rien ne peut
arrêter la plénitude de la puissance royale. La loi, ra-
tifiée par le *pouvoir intermédiaire*, devient la loi du *Roi*,
publiée et exécutée en son nom seul, sans avoir besoin
d'aucune autorité.

Cette incorporation de la loi avec le monarque sert
d'explication à cette antique règle conservée par *Loisel*,
et si mal entendue par quelques personnes.

Si veut le Roi, si veut la loi.

Cette règle est de toute vérité, en la réduisant à son
véritable sens, qui est celui-ci :

C'est la volonté seule du Roi qui donne naissance à
la loi. Elle ne peut émaner que du Roi. Aucune autorité
n'a le droit de lui arracher une loi contre sa volonté :
Si veut le Roi, c'est-à-dire qu'elle n'existe que *si le Roi
le veut.*

Ainsi donc, quand une loi est proclamée, le peuple
peut tenir pour certain que c'est la *volonté du Roi*, qui
devient lui même une loi vivante et animée, *animata
lex*, et de cet accord résulte la vérité de la maxime :

Si veut le Roi, si veut la loi.

(1) Antique disposition qui n'a pas besoin d'être prou-

ART. III.

« Exclusion des femmes et de leur descen-
« dance (1). »

ART. IV.

« Apanage accordé aux fils de France (2). »

---

vée ; la *constitution* de 1791 n'a fait que répéter ce qui était su du moindre écolier :

« La royauté est *déléguée* héréditairement à la race « régnante , de mâle en mâle, par ordre de primogéni- « ture. » (Chap. II, sect. 1ʳᵉ. , art. 1ᵉʳ.)

(1) Cette exclusion *constitutionnelle* , qui date depuis plus de *mille* ans , avait donné lieu à la maxime triviale qui forme la 96.ᵉ règle de *Loisel :*

« Le royaume ne tombe pas en *quenouille.* »

A l'égard de la *descendance* de la *ligne féminine*, elle avait été solennellement consacrée par une assemblée des pairs, barons, prélats et du parlement de Paris, après la mort de Charles-le-Bel , en 1328.

C'était par la force de cette loi fondamentale que le jeune Edouard III, neveu du feu roi (mais par sa mère Isabelle de France) avait été exclu de la couronne , sans avoir égard au droit de représentation qu'il invoquait.

En transportant ce principe dans la constitution de 91 (Chap. II, art. 1.ᵉʳ), les nouveaux Solons n'ont pas fait de grands frais d'invention.

(2) Cet objet, qui était devenu *constitutionnel* dès le commencement de la première race , forme la 88.ᵉ règle de *Loisel.*

Art. V.

« Indivisibilité de la couronne (1). »

« Le Roi doit *apanage* à messieurs ses frères et enfans
« mâles puînés , et mariage à mesdames ses sœurs puî-
« nées. »

Les principes en matière d'apanage étaient également
constans et *constitutionnels*. L'apanage , entre les mains
des fils de France , n'était qu'une espèce de *majorat*,
chargé du retour à la couronne au défant *d'hoirs*.

Dans les hoirs en *ligne directe* de l'apanagiste , n'é-
taient pas comprises les filles.

Les héritiers *collatéraux* ne venaient jamais à l'hérédité de l'apanage , qui rentrait de droit dans le domaine de la couronne ; et , dans le cas où le prince apanagiste montait sur le trône , la réunion au domaine s'ef-
fectuait de plein droit.

(1) Sous les deux premières races, il était permis aux
Rois de France de partager la couronne entre leurs enfans, et l'histoire du temps en offre plusieurs exemples.

On a l'obligation à *Hugues Capet* d'avoir aboli cette
faculté , source de tant de désordres et de calamités, et
de lui avoir substitué (de l'avis de ses barons et des prélats constitués en parlement) la loi *constitutionnelle* si
rigidement observée depuis : « que la couronne serait
indivisible. »

Nous n'avions donc pas besoin de la constitution de
1791 pour nous révéler l'avantage de *l'indivisibilité* de
la couronne.

ART. VI.

« Maintien de *l'intégralité* du royaume , avec
« interdiction de toute espèce de démembrement
« volontaire (1). »

---

(1) Le *légat* du Pape ayant invoqué à la cour de France
le traité par lequel Jean-sans-Terre, roi d'Angleterre,
avait fait hommage de ses états au Pape (Innocent III),
le parlement de Philippe-Auguste, composé de princes,
pairs et barons , s'éleva contre cette allégation, en déclarant au *légat* « qu'en France le dernier des barons
« soutiendrait jusqu'à la mort que le Roi n'avait pas droit
« de disposer de tout ou de partie de son royaume, et
« de s'assujettir à un *tribut.* »

« Tum quoque magnates omnes, uno ore, exclamare
« cœperunt, quod starent usque ad mortem, ne videlicet
« Rex aut Princeps per suam voluntatem posset regnum
« dare vel tributarium efficere. »

Par un traité de 1259, à la veille de la seconde Croi-
sade , il arriva à Saint Louis de s'écarter de ce principe
fondamental , en abandonnant au Roi d'Angleterre une
portion du territoire de Normandie ; mais, par arrêt du
parlement de 1280, cette cession fut déclarée NULLE.

« ATTENDU , porte l'arrêt, que par la loi constitution-
« nelle de l'Etat il n'a pas été permis au Roi de mettre
« *hors de ses mains* une portion domaniale. »

« Cùm dictus Rex, per litteras suas, non potuit ipsam
« villam extra manum mittere, nec ab eâ separari ; de-
« terminatum fuit quod non separabitur, sed remane-
« bit in jurisdictione regis Franciæ. »

Art. VII.

« Inaliénabilité du domaine royal, même
« pour la plus faible portion, sauf la faculté
« d'engagemens révocables (1). »

Art. VIII.

« Réunion à la couronne des biens person-
« nels du roi défunt (2). »

Le même principe fut opposé depuis au roi Jean, à
Louis XI et à François Ier.

(1) Chilpéric, Roi de la Ire. race, ayant annoncé l'intention de doter sa fille aux dépens du domaine royal,
Childebert, son neveu, s'opposa par ses ambassadeurs à
toute aliénation du domaine de la couronne, et même à
ce qu'il en fût fait aucune distraction des *joyaux*, *esclaves*, ni même *chevaux* et *bestiaux* appartenant au domaine.

Dans le même parlement, *Frédegonde* protesta que,
dans ce qu'elle donnait à sa fille, il n'entrait rien qui
fût détourné du trésor de la couronne. « Ne putetis,
« ô viri, quidquam hic de thesauris anteriorum regum
« haberi; hic de thesauris publicis nihil habetur. »
(*Grégoire de Tours.*)

(2) Disposition aussi ancienne que la monarchie ; et
lorsque la *constitution* de 1791 l'a consacrée par son art. 9,
elle n'a fait que rappeler, par une mauvaise rédaction,
ce que personne n'ignorait.

Art. IX.

« Il appartient au Roi seul de faire la loi (1). »

Art. X.

« Autorité *intermédiaire* entre le monarque et
« la nation pour vérifier la loi, la consentir ou la
« modifier (2). »

Voici l'article (9 du chap. 2).

« Il (le Roi) a la disposition de ceux qu'il acquiert à
titre singulier; s'il n'en a pas disposé, *ils* sont pareille-
« ment réunis à la *fin du règne.* »

L'édit de Henri IV, du mois de juillet 1607, avait
reconnu cette disposition.

(1) C'est-à-dire qu'il n'y a de loi qu'autant qu'elle sera
voulue par le Roi : « *Lex fit ex constitutione Regis.*»
Mais cela ne voulait pas dire que la loi était faite par
cela seul que le Roi *la voulait*, et telle qu'il *la voulait.*
(Voyez *suprà*, art. 1 et suiv.)

(2) Ce n'est pas le moment de disserter sur l'origine
et la nature de ce *corps intermédiaire*, qui a changé
plusieurs fois de forme et de nom depuis le premier âge
de la monarchie : *Champ de Mars, Champ de Mai,
Cour plenière, Placités, Cour plenière, Cour du Roi,
Grand Conseil, Parlement, etc.*

Il n'est question ici que du point de fait : que de tout
temps il a existé *constitutionnellement* une autorité quel-

Art. XI.

« Le parlement de Paris établi gardien des
« lois *constitutionnelles*, de la *vérification* des
« édits, lois et ordonnances émanés de l'autorité
« royale (1). »

---

conque, chargée de la fonction de vérifier la loi, et de
l'investir de la force exécutoire, en lui servant de garantie auprès de la nation.

Par cette expression *ex consensu populi*, dit Baluze,
il ne faut pas entendre le rassemblement des hommes
du peuple, ni la multitude désordonnée, mais un choix
d'hommes instruits et sages, que nos Rois ont toujours
appelés auprès d'eux pour la confection des lois.

« Non quidem hominum TRIVIO, neque hoc insolenter
« abutatur vocabulo POPULI, sed fidelium, Reges horum
« enim utebantur in ferendis et constituendis nobis le-
« gibus. » (*Baluz.* tom. 3, chap. 6, an 864. pag. 177.)

(1) Inutilement s'épuiserait-on en argumentations pour
disputer au parlement ce caractère d'autorité *intermédiaire*. Il ne s'agit ici que d'un *point de fait* : en avait-il
ou non la possession *constitutionnelle* ?

A cette question accourent en foule les témoignages
puisés dans les monumens les plus irrécusables.

L'ordonnance de Charles V s'exprime ainsi :

« Que l'on ne s'imagine pas, dit ce monarque, que le
parlement de Paris soit réduit à l'administration de la

Art. XII.

« Obligation imposée aux parlemens de persé-
« vérer dans leur résistance sans céder à la crainte
« et aux considérations d'intérêt privé (1). »

justice ; il est encore investi du droit de nous aider dans
le gouvernement de notre royaume. »

« Pro ipsâ justitiâ exercendâ ; sed in reipublicæ nego-
« tiis dirigendis, et pro expeditione Regis, ac regni
« negotiorum sunt necessario constituti. »

« Atque eximii magistratus antiqui moris, legumque
« *conservandarum* curam habent.» (Comm. rer. Gallic.)

Vérité reconnue, même au sein des états-généraux
de 1614, « où le parlement est qualifié de grand
« corps qui a toujours conservé cette haute et pré-
« cieuse qualité de *tuteur des lois*. (Rap. pag. 490.)

(1) Ce sont nos Rois *eux-mêmes* qui ont attaché le caractère *consitutionnel* à cette opposition.

Un capitulaire de Charles-le-Chauve impose à ses
féaux et *conseillers* de l'éveiller sur les surprises qui
lui auraient été faites, et qui seraient en contradiction
avec les lois fondamentales, la dignité du trône et les
intérêts du peuple.

« Cuncti sollicitè præcavebunt ne aliquis... nobis im-
« moderatiùs suggerat, aut quolibet modo alliciat, ne
« contra justitiæ rationem, aut nostri nominis dignita-
« tem, aut regiminis æquitatem agamus. »

Art. XIII.

« En cas d'une résistance prolongée à l'*enre-*
« *gistrement* et à la publication de la loi nou-
« velle , il est libre au Roi de la faire enregis-
« trer et publier par la force de son autorité
« royale (1). »

La même disposition se trouve dans un autre capitulaire , où le monarque , s'adressant à ses féaux et conseillers , leur recommande , au nom de leur honneur et
de leur conscience , de s'expliquer franchement sur ses
édits et ordonnances , et de lui faire des *remontrances,*
avec le respect dû à la majesté royale , sans craindre
d'encourir son ressentiment.

« Si fortè subreptum fuerit nobis quidpiam, fideliter,
« ut rationabiliter corrigatur , vestra devotio admonere
« curabit (pro ut sublimitati regiæ) , sinè ullà malà
« suspicione de nostrà iracundià aut animi commotione. »

De son côté , le monarque s'obligeait de faire droit sur
les *remontrances* , s'il les trouvait fondées en raison.

Un capitulaire de Charles-le-Chauve, de 858, contient
cet engagement, qui s'est transmis de règne en règne :

« Et Ego Carolus , si per fragilitatem, ...
« Cùm hoc recognovero, volontariè illud emendare
« curabo. »

(1) Cette violence annonce assez quelle était l'importance attachée à cette formalité , puisqu'on se conten-

tait de la simple apparence, et le siècle dernier nous a fourni un grand nombre d'exemples de ces actes d'*autorité.*

Mais en même temps de telles mesures détruisaient tout l'effet de l'enregistrement, en n'offrant au public qu'un simulacre d'enregistrement au lieu d'un enregistrement libre.

« Les édits n'ayant point de force, dit *Castelnau*, s'ils « ne sont reçus esdits parlemens, qui est une *règle d'état*, « par le moyen de laquelle le Roi ne pourrait, quand « il voudrait faire des lois injustes, que bientôt elles ne « fussent rejetées. » (Mém. de *Castelnau*, tom. 1.)

Nota. *Castelnau* n'était pas un homme de palais, mais un militaire, un homme de cour, qui parlait suivant l'opinion généralement reçue.

« Ceux qui ont voulu discourir sur l'état du royaume « ont estimé que, de cette commune police des *Parle-* « *mens*, qui étaient comme *intermédiaires* entre le Roi « et le peuple, dependait la grandeur de la France.

« Car encore que l'état de France soit une *monarchie* « *absolue*, si est ce que, par l'institution de belles lois « politiques qui la rendent florissante, il semble qu'elle « soit composée de trois façons de gouvernement...... « Le Roi, aimé, révéré, craint et obéi.

« Mais bien qu'il ait *toute puissance* et *autorité* de « commander et faire tout ce qu'il veut, il est ce que « cette grande et souveraine liberté est *réglée*, *limitée* « et *bridée* par de bonnes lois et ordonnances, ne lui « étant pas tout permis, ains seulement ce qui est juste « et raisonnable. » (*Duhaillan.*)

Art. XIV.

« Inviolabilité des propriétés (1). »

« Si bien qu'à peine les Rois pourraient faire ch oses
« trop violentes, ni à trop grand préjudice de leurs
« sujets, ayant auprès d'eux d'illustres personnages, qui
« servent, comme de *haches*, qui retranchent, de leur
« volonté, ce qui est redondant et au préjudice du pu-
« blic. » (*Ibid.*)

« Les parlemens ayant été principalement institués
« pour cette chose et à cette fin de refréner la puis-
« sance absolue (arbitraire) dont voudraient user les
« Rois. »

(*Seissel*, Monarch. franc. , part. 1.re , chap. 12.)

Il nous paraît inutile d'entrer dans de plus grands détails ici. (Voyez au Chap. VIII le §. *Parlement.*)

(1) La *constitution* de 1791 portait :

« La *constitution* garantit l'*inviolabilité* des propriétés,
« ou la juste et préalable indemnité de celles dont la
« nécessité publique, légitimement constatée, exigerait
« le sacrifice. »

Ne voilà-t-il pas une belle découverte ! Bien loin d'a-
voir le mérite de l'invention, cet article ne fait que tra-
duire, dans une rédaction louche et entortillée, une
disposition que nos lois *constitutionnelles* expliquaient
beaucoup mieux.

« Que tous nos sujets soient bien assurés que nul ne

Art. XV.

« Protection de la liberté individuelle (1). »

« sera attaqué dans sa personne et dans sa *propriété*,
« qu'il n'éprouvera ni oppression, ni vexation, ni abus
« d'autorité dans ses charges, emplois et fonctions. »

« Omnes sunt de nobis securi, quòd unicuique in suo
« ordine, secundùm competentes leges, rectam rationem
« et justitiam conservabimus. »

« Nullum contra legem et justitiam aut damnabimus,
« aut deshonorabimus, aut opprimemus, vel indebitis
« machinationibus opprimemus, etc. »

« Proprium autem suum, ubicunque fuerit, cum ho-
« nore et securitate, secundùm legem, unusquisque
« absque injustà inquietudine possideat. »

« Nullus, in regno Francorum, libet ab aliquo suo
« spoliari, nisi per judicium. »

« Neque privari aliquem, sinè legali sanctione, vo-
« lumus. »

(1) Cette *liberté individuelle* et la réprobation des
actes arbitraires ont toujours fait l'objet le plus important de nos constitutions.

Le respect pour la liberté individuelle s'étendait jusque sur les *juifs*, qui, dans le 14.ᵉ siècle, étaient l'objet
des plus atroces vexations.

Il était défendu aux baillis et sénéchaux de faire
emprisonner un juif accusé, sans avoir pris au préalable

Art. XVI.

« Le droit de faire grâce aux condamnés (1). »

Art. XVII.

« Lois obligatoires tant vis-à-vis le Roi lui-
« même que vis-à-vis les sujets (2). »

---

des informations sur les circonstances du délit, et, en cas de doute, le *décret* ne pouvait être lancé qu'après en avoir référé au parlement.

« Nisi priùs informato senescallo de casu, pro quo capi
« requiratur, et si aliquod dubium, vel obscurum, non
« capiant aliquem (judices) nisi priùs consultà domini
« regis curià et magistris. »

(1) On a vu ci-dessus ce que ce droit est devenu par la *constitution* de 1791.

(2) Dans la plus ancienne ordonnance que nous connaissions (après la *loi salique*), nous voyons Clotaire déclarer solennellement que le premier devoir des Rois est de ne s'écarter jamais des lois et de leurs anciennes formes. (Capitul. tom. 1er.)

« Nous faisons, dit-il, consister la félicité de notre
« royaume, à nous *soumettre nous-mêmes* aux lois et or
« donnances qui auront été portées par nous. »

« Felicitatem regni nostri in hoc consistere dubium non
« est, si quæ nostro regno acta statuta atque decreta
« sunt inviolabiliter studuerimus tempore custodire. »

ART. XVIII.

« Que nul ne soit condamné sans avoir été
« entendu ou duement appelé (1). »

Henri IV disait : « que la première loi du souverain
« est de les observer toutes , et qu'il avait lui-même deux
« souverains, *Dieu* et la *Loi*. (Mém. de Sully, tom. 1er.)

« Le peuple n'est heureux qu'autant que le prince est
« obéi de chacun, et que lui-même obéit à la loi. »

(Discours du chancel. Olivier.)

Ces déclarations, qui se retrouvent à chaque page de
notre histoire, valent bien la fastueuse proclamation de
l'art. 3 , chap. 2 de la *constitution* de 1791.

« Il n'y a point en France d'autorité supérieure à celle
« de la loi. Le Roi ne règne que par elle , et ce n'est
« qu'au *nom de la loi* qu'il peut exiger l'obéissance. »

Cette dernière disposition : « *Ce n'est qu'au nom de la*
« *loi qu'il* PEUT EXIGER *l'obéissance* » renferme une
intention tout-à-fait *révolutionnaire*. Il est hors de doute
que la volonté du Roi doit être assise sur la loi ; mais aussi
la loi ne saurait se former que sur la VOLONTÉ DU ROI ;
il résulte que le monarque s'approprie la force de la loi ;
et, lorsqu'il met la loi en mouvement, ce n'est pas la
volonté de la loi qu'il exécute , mais sa *propre volonté*
autorisée par la loi. L'exécution ne doit donc pas se faire
de *par la loi* , mais bien de *par le Roi*, qui est le centre
de toute autorité.

(1) Ce principe, qui est une éternelle vérité de tous les

ART. XIX.

« Maintien des lois anciennes (1). »

---

temps, de tous les lieux, se trouve *constitutionnellement* proclamé par les *ordonnances* de nos Rois :

« Non condemnetur inauditus. »

Saint Louis n'avait garde de l'omettre dans ses *Etablissemens*.

« L'en (l'on) ne doit pas rendre cour par derrière.
« L'en ne fait pas en cour laïe jugement d'une parole
« que l'autre partie n'ait été ouïe et appelée suffisam-
« ment. » (*Etabliss. de St. Louis.*)

Cependant ce principe a échappé aux faiseurs de la *constitution* de 1791, qui se vantaient d'avoir découvert de nouvelles sources de *liberté :* il n'en est pas dit un mot dans la *déclaration des droits*.

(1) C'est un engagement pris par nos Rois, et qui est devenu *constitutionnel*.

« Sciatis quia legem quam antecessores nostri conces-
« serunt, inviolabiliter nos æquè incorruptè et presenti-
« bus et futuris temporibus, per omnia, volumus ob-
« servari. » (*Capitul.*)

Pour mettre les lois *constitutionnelles* à l'abri de la mobilité française et des tentatives des novateurs, nos plus anciens Rois en ordonnèrent le dépôt dans un *trésor public*, avec défense à leurs successeurs d'y porter atteinte.

« Ut sive nostris, sive successorum nostrorum tempo-
« ribus rata forent et inviolabiliter serventur, libuit in

ART. XX.

« LA MAJORITÉ des Rois fixée à quatorze ans (1). »

« publico archivo recondere , ut successores nostri nos-
« tra pia facta suis successoribus servanda perdoceant. »

(*Capitul.*)

Le maintien des anciennes lois faisait partie du serment de nos Rois à leur sacre.

Saint Louis ne l'oublie pas dans l'*instruction* qu'il laissa à Philippe , son fils :

« Maintiens les franchises et libertés telles que les « anciens les ont gardées, et tiens-les en faveur et amour.

« Tu garderas les bonnes lois et très-saintes coutumes « de ce royaume.

« Entretiens et rends inviolables à tes sujets leurs pri-« viléges , coutumes et immunités , étant plus raison-« nable que celui qui veut être obéi sache jusqu'où se « peut et doit s'étendre son commandement.

« Par ainsi , use de la *loi*, et non de la *puissance* « *absolue*, etc. »

Nous nous sommes un peu étendus sur l'*inviolabilité* des lois *fondamentales*, parce que c'est le mépris de ces lois qui a causé nos calamités.

(1) Une disposition constitutionnelle, depuis l'an 1270, avait fixé la *majorité* des rois à *quatorze ans accomplis*.

En 1375 , il fut arrêté, par l'ordonnance de Charles V , qu'il suffisait que la quatorzième année fût *commencée ;*

ART. XXI.

« L'ADMINISTRATION de la justice exercée par
« le Roi *en personne*, ou, en son nom, par des
« magistrats *par lui élus* (1). »

---

légère modification qui ne fut même adoptée qu'après de
grandes formalités.

A compter de cette époque, qui nous donne un cours
de près de quatre siècles, la *majorité* des Rois fut constitutionnellement fixée à la *quatorzième année*, comme il
est prouvé par six minorités des Rois, qui eurent lieu
depuis, savoir : Charles VI, Charles VIII, Charles IX,
Louis XIII, Louis XIV et Louis XV.

La *constitution de* 1791, en reportant la majorité des
Rois à *dix-neuf ans*, n'a été amenée à ce changement que
par la manie des réformations.

(1) Personne n'ignore que rendre la justice au peuple
est un des premiers devoirs d'un monarque, et que le
choix des juges lui appartient exclusivement.

Nos Rois, sous les trois races, ont exercé cette double
prérogative.

Une ordonnance de Charles VI de 1408 énonce toutes
les précautions qu'il a prises pour remplir cette obligation, soit par lui-même *en personne*, soit par des magistrats.

Il était réservé aux révolutionnaires de 1789 d'interdire
au Roi le droit de rendre la justice, et de choisir les
magistrats.

ART. XXII.

« INAMOVIBILITÉ des juges (1). »

(1) Sous Philippe-le-Bel et les premiers Valois, on ne connaissait pas l'*amovibilité individuelle* des juges dans les siéges royaux.

Il est vrai qu'à la fin de l'année le parlement avait besoin de *lettres de confirmation* ; mais les inconvéniens attachés à ce renouvellement le firent abandonner pour lui substituer la *perpétuité*, et nous voyons plusieurs ordonnances de Charles V et de Charles VI exalter l'avantage de ce procédé.

L'*amovibilité* des tribunaux, soit *en masse*, soit *individuelle*, se reproduisit sous la faction des Armagnacs et des Bourguignons ; chaque parti voulant se monter un tribunal à son gré, les destitutions étaient fréquentes, et les remplacemens prenaient la couleur du parti dominant.

Lorsque les Anglais eurent évacué le royaume, après la restauration de l'héritier légitime (Charles VII), le premier soin du monarque fut de donner aux juges un état de consistance et de fixité, qui les rassurât contre les dégoûts d'un emploi précaire.

Louis XI, prince impérieux, tenta néanmoins quelques *destitutions arbitraires* ; mais bientôt, effrayé lui-même des conséquences de cette innovation, il en exprima tous ses regrets par sa fameuse ordonnance du 21 octobre 1467 ; espèce de *charte*, par laquelle il renonce, tant pour lui que pour ses successeurs, au droit

« de pourvoir désormais à aucun office royal, s'il n'est
« vacant par mort ou par résignation faite du bon gré du
« résignant, dont il apparoisse duement, ou par *for-*
« *faiture préalablement jugée* et *déclarée judiciaire* et
« selon les termes de justice, par juge compétent, et dont
« il apparoisse semblablement. »

Pour donner plus de solennité à cet engagement, le
Roi dégage ses sujets de toute obéissance et soumission
aux destitutions et aux *provisions* qui seraient en opposition avec cette loi.

« Et s'il advint que, par inadvertance de notre part,
« ou importunité des requérans, ou *autrement*, nous
« fassions le contraire, Nous, dès maintenant, comme
« pour lors, le *révoquons et annullons*, et voulons qu'au-
« cunes lettres n'en soient faites et expédiées ; et si faites
« étaient, qu'à icelles, ni à quelconques autres qu'on
« pourrait sur ce obtenir de nous, aucune foi ne soit
« adjoutée, et que, pour ce, *aucun ne soit destitué de*
« *son office, ni inquiété en icelui.* »

Quiconque a la moindre notion du caractère de ce
Roi peut se figurer combien cette entrave dut coûter à
son orgueil; mais l'évidence de l'intérêt public prit heureusement le dessus.

Depuis ce moment, l'*inamovibilité* des charges de ju-
dicature vint prendre place parmi les lois *fondamentales*
et *constitutionnelles.*

Le cours de plus de trois siècles en avait consacré toute
la force, lorsque l'assemblée, qui se faisait un jeu de
tout bouleverser, vint lui substituer l'absurde système
de *juges temporaires*. (Voyez, *suprà*, le Chap. VI, §.
Eligibilité.)

Art. XXIII.

« Maintien des libertés de l'*Eglise gallicane* et
« de l'indépendance de l'autorité royale contre
« les entreprises de l'autorité spirituelle (1). »

Art. XXIV.

« Convocation et dissolution (2) des états-

______

(1) Il n'y a personne qui n'ait présentes à la mémoire les maximes *constitutionnelles* qui ont été défendues avec tant d'énergie par les parlemens : les novateurs de 1791 n'avaient garde de dire un mot sur ce sujet, puisqu'ils ne voulaient plus ni d'*indépendance royale*, ni d'*Eglise gallicane*, ni d'*autorité spirituelle*.

(2) Les assemblées des *trois ordres de l'Etat*, connues, depuis plusieurs siècles, sous le nom d'*Etats-généraux*, n'ont aucune analogie avec ces grandes assemblées nationales qui datent du commencement de la monarchie; et, sous ce rapport, elles sont d'une *institution moderne*.

Il y avait long-temps que le parlement était *sédentaire* dans la capitale, que les *états-généraux* n'existaient pas encore.

Ce fut Philippe-le-Bel qui, étant sans cesse aux *expédiens* pour trouver des subsides, imagina de convoquer une assemblée de *notables*, à laquelle il admit quelques

« généraux, soumises exclusivement à la volonté 1791.
« du Roi. »

députés des *bonnes villes*; mais cette première assemblée ne reçut d'autre pouvoir que de donner son *avis* sur les *subsides* demandés; et là finit sa mission.

Au bout de quarante ans, le Roi *Jean* réveilla cette ressource, qui fut depuis renouvelée sous les règnes suivans.

Mais, dans tous les cas, ces *états-généraux* n'étaient assemblés qu'à la dernière nécessité, pour se concerter avec le Roi sur les *subsides*, sans se mêler des affaires du gouvernement, ni du régime législatif, qui était concentré dans le parlement.

Ces *états-généraux* ne formèrent jamais ce *pouvoir intermédiaire* constitutionnellement établi depuis plus de huit cents ans, et qui avait le droit de vérifier les lois et de leur donner la forme exécutoire.

Comment ces *états-généraux* auraient-ils prétendu s'associer à la confection des lois, puisqu'ils se formaient et se rompaient par L'ORDRE du *Roi*, et souvent à des intervalles de trente ou quarante ans, et même plus ?

La fonction de *vérifier* la loi ne pouvait appartenir qu'à un corps intermédiaire *permanent*.

Par la suite des temps, ces députés, divisés *par ordre*, furent admis à dénoncer au Roi les abus qui s'étaient introduits dans leurs provinces, et dont l'intérêt public exigeait la réformation; mais, au lieu de parler en législateurs, ils se bornaient à déposer au pied du trône leurs *humbles supplications* et leurs *respectueuses do-léances.*

Si jamais il y eut une assemblée d'*états-généraux* qui pût se croire appelée à s'immiscer de l'administration du royaume, ce fut celle de 1482, convoquée au commencement du règne de Charles VIII alors en bas âge.

Cependant l'orateur commence ainsi :

« Très-haut, très-puissant et très-chrétien Roi, notre « souverain et naturel Seigneur :

« Vos *très-humbles et très-obéissans sujets*, venus par « *votre commandement ;*

« Comparaissent, et se présentent à vous, en *toute* « *humilité, révérence et subjection.* »

Tout le reste du discours est continué dans le même esprit d'*humilité et de subjection.*

Et remarquez que, précisément à la même époque, le duc d'Orléans, premier prince du sang, s'adressait au parlement, comme *supérieur aux états-généraux*, pour l'aider de sa puissance dans le plan de réformation que ce Prince méditait.

Ce rapprochement fait bien voir la différence qu'il y avait entre les *états-généraux* et le *parlement.*

Aussi n'y a-t-il pas d'exemple dans notre histoire que les *états - généraux* aient fait des lois ; leurs cahiers fournissaient à nos Rois l'occasion de remédier aux maux de l'État : telle est l'origine des ordonnances d'*Orléans*, de *Moulins*, de *Blois*, etc. Dans ces ordon-nances, les lois expliquent les motifs qui les ont déterminés à prendre en considération les *humbles supplica-tions des états-généraux* sur tel et tel objet.

L'ordonnance rendue sur les *cahiers* suivait la marche commune aux autres lois, et elle était soumise, comme elles, à la *vérification* et à l'*enregistrement* du parlement, qui, *supérieur en autorité aux états - généraux*, rejetait souvent les articles adoptés par l'assemblée des *états-généraux*, et même accordés par le Roi.

C'est ce qui peut aisément se vérifier par les enregistremens de ces ordonnances.

Une autre preuve que ces *états-généraux* ne furent jamais les *représentans* de la nation, ni associés à la confection des lois, c'est que les Rois circonscrivaient sévèrement le cercle de leurs délibérations, et les interrompaient quand elles portaient quelques empiétations sur des objet hors de leur compétence.

C'est ainsi que, dans la tenue des *états* de 1614, une proposition étant devenue un sujet de tumulte et de troubles, donna lieu à un arrêt du conseil du 6 janvier 1615, par lequel il est dit que « le Roi, ayant été informé « des différens survenus en *l'assemblée des états de son* « *royaume, convoqués à Paris par son commandement*, « sur un arêté proposé en la chambre des trois états, a « *fait expresse exhibition et défenses auxdit états* d'en- « trer en aucune *nouvelle délibération de ladite matière*. »

Bien plus, sans attendre l'ordre du Roi, et dans les cas d'urgence, le parlement intervenait d'*office*, pour imposer silence à l'assemblée et mettre fin à la discussion.

Personne n'ignore quel heureux emploi le parlement

fit de son autorité par son arrêt du 28 *juin* 1593 , qui conserva la couronne à Henri IV.

On en voit encore un exemple dans les *états-généraux* de 1614 , à l'occasion d'une délibération qui était inconsidérée.

Par une délibération du 22 février 1615 , le parlement ayant fait *défense de passer outre* , le Roi ne trouva d'autre ressource que de l'évoquer à son conseil.

« Pour bonnes et grandes considérations , a évoqué et « évoque à sa propre personne lesdits différends , et « *surseoit à l'exécution de tous arrêts et délibérations* « sur ce intervenus ; fait expresse défense , etc. » (*Etats-Généraux* , pag. 41.)

Remarquez bien que la délibération du parlement n'est pas *annullée* pour cause d'incompétence , ni d'usurpation d'autorité ; au contraire , le Roi se borne à en *surseoir* l'exécution : ce qui est une confirmation de la compétence.

Quand , dans le cours des séances , il s'élevait quelques difficultés ou quelque *voie de fait* entre députés , c'était le parlement qui en prenait connaissance , ainsi qu'on le voit encore par le procès-verval des *états-généraux* de 1614 , à l'occasion de *coups de bâton* donnés par un *député* à un autre.

Le 4 février 1614 , le sieur de Bonneval , député du Limousin , et le sieur Chavailles , s'étant pris de paroles en sortant de l'assemblée , Bonneval frappa Chavailles d'un *bâton* , et avec tant de violence que le bâton se rompit. Ce scandale étant venu à la connaissance de l'assemblée, le *tiers-état* se transporta en corps au Louvre devers le Roi, pour obtenir justice du coupable spadassin.

L'histoire de cette assemblée nous apprend que le Roi étant alors à se promener aux Tuileries, l'assemblée l'attendit dans la galerie de peintures ; qu'au bout d'une heure le Roi étant de retour au Louvre, informé de son arrivée, il la fit appeler dans son petit cabinet, où étaient la reine, le chancelier et plusieurs seigneurs de marque.

« Le Roi était asis dans une chaire (fauteuil) de ve-
« lours, couvert d'un chapeau gris ; la Reine, sa mère,
« assise à son côté gauche ; M. le chancelier debout, à
« son côté droit, nu-tête. En cet état, on fit entrer
« autant de députés comme le cabinet en put tenir. »
Le député offensé se jeta à deux genoux aux pieds du Roi ; et M. le président et tous les autres députés s'étant *mis à genoux*, M. le président ouvrit le discours ainsi :

« SIRE, le tiers-estat, représentant tout vostre peuple,
« se vient prosterner à vos pieds, *avec des larmes de*
« *sang et les sanglots à la bouche*, marques assurées
« de sa pressante douleur pour l'offense qui a été faite à
« *Vostre Majesté*, non-seulement dans vostre ville, non-
« seulement dans vostre Louvre, mais dans vostre propre
« chair. Car il est sans doute que l'injure de laquelle
« nous avons à vous parler, ayant été faite avec si grande
« indignité en la personne de l'un des députés, dans
« le lieu (ou proche du lieu, à tout le moins) qu'il vous

« a plu eslire pour la tenue de vos Estats, elle est faite
« à vostre corps, puisqu'elle est faite à l'un de vos mem-
« bres, exercée audacieusement dans vostre propre
« maison, puisque c'est au lieu que vous avez choisi
« pour le plus propre et le plus commode de vostre
« bonne ville de Paris, etc. » (*Etats-Généraux*, p. 387.)

Le Roi fit réponse « qu'il avait un grand mescontente-
« ment de cet attentat, duquel il voulait que justice fût
« faiste, et le renvoyait à son parlement, et cependant
« nous commandait de travailler à nos cahiers sans dis-
« continuation. » (*Etats-Généraux*, pag. 389.)

Or ce renvoi n'était pas ordonné à titre d'*attribution
spéciale*, mais parce que c'était au parlement qu'appartenait la JURIDICTION sur les états-généraux.

Après une *instruction* suivie à la requête du procureur-
général, il intervint arrêt le 11 mai suivant (1615),
qui condamne Bonneval à avoir la tête tranchée en place
de Grève, en 2,000 fr. d'intérêts civils, 500 fr. d'amende
avec confiscation. (*ibid*. pag. 492.)

On pourrait ajouter d'autres articles ; mais ceux que
nous venons de rappeler suffisent pour démontrer
cette vérité : Qu'en 1788 le gouvernement était assis sur
des principes *constitutionnels* suffisans pour son bonheur,
sa gloire et sa prospérité ; et que l'idée de leur substituer une *nouvelle constitution* était, seule, un attentat
aux droits de la couronne.

CHAPITRE VII.

État du Barreau après la suppression du Parlement jusqu'à la clôture de l'Assemblée constituante.

DEPUIS près de six siècles, la France s'honorait de la pompe de ses cours parlementaires ; cette décoration faisait partie de l'éclat du trône, et formait un accessoire de la majesté royale.

Le *parlement de Paris*, cour des pairs, était surtout l'objet de l'admiration des étrangers. La superbe tenue de ses *grandes audiences*, la dignité de son costume, le mérite des orateurs, la sagesse de ses arrêts, avaient porté sa renommée aux extrémités de l'Europe.

Aucun ambassadeur, aucun étranger de distinction ne manquaient d'aller considérer ce spectacle intéressant. La première demande qu'on leur faisait chez eux, à leur retour, était, s'ils avaient vu la *grand'chambre ?* comme on disait autrefois aux étrangers qui revenaient de Rome : « Avez-« vous vu le CAPITOLE ? »

1791. Les empereurs, les rois, les potentats de toute espèce et dénomination, lorsqu'ils venaient à Paris, plaçaient une *grande audience* du parlement au premier rang de leur curiosité.

Mais l'assemblée de 1789, occupée de son plan d'*énerver la royauté*, crut nécessaire de commencer par l'avilissement de la haute magistrature qu'elle regardait comme inconciliable avec la *constitution démocratique*.

Elle dissémina dans les provinces des *tribunaux de distritct*, comme *monnaie* des parlemens qu'elle venait de leur enlever; tribunaux sans consistance, sans dignité, sans autorité; en un mot, rien de ce qui pouvait les déconsidérer ne fut épargné.

C'était vraiment un spectacle déplorable que celui des tribunaux de districts dans les premiers jours de leur installation.

Cinq juges composaient cette nouvelle *cour*, n'ayant pour tout costume *obligé* (suivant le décret du 2 septembre 1790) qu'un habit noir, un chapeau retroussé et accompagné d'un *panache* de plumes noires.

Chacun sait combien les vêtemens *stolaires* conviennent à la magistrature. Ce n'est pas sans intention que toutes les nations civilisées ont as-

servi leurs magistrats à se présenter aux yeux 1791.
du public revêtus de *robes longues*, surtout dans
l'exercice de leurs fonctions.

Cet usage offre deux avantages :

1.º *L'uniformité* des vêtemens déjoue, chez les
uns, la vanité d'une mise recherchée, et elle
dérobe les autres à la confusion d'un vêtement
trop modeste et trop négligé ;

2.º L'ampleur de la robe, en enveloppant tout
le corps, dissimule aux yeux les difformités cor-
porelles, qui pourraient être un objet de dérision pour le public.

Ces deux considérations, justifiées par l'expérience des siècles et l'usage général de l'Europe,
n'en furent pas moins rejetées dans l'établissement des *tribunaux de district*, soit par esprit
de nouveauté, soit par ce plan secret d'avilir la
magistrature.

Les nouveaux juges, qui ne furent pas long-
temps sans se ressentir de l'inconvénient d'une
pareille *exposition*, imaginèrent de se composer
une espèce de *parapet*, à l'aide d'une *longue
table* revêtue d'un *tapis* descendant jusqu'à
terre, qui, cachant au public les extrémités in-
férieures, réparaient du mieux possible l'imprévoyance ou la malignité des fondateurs.

1791. Cette dégradation de la magistrature se réper-
cuta sur le barreau.

Les *avocats*, si fiers autrefois d'un nom honorable, relevé par *cinq siècles* d'illustration, étaient
étrangement humiliés de le voir échangé contre
la qualification ridicule de *défenseur officieux*,
qui appartenait à tout individu qui voulait la
prendre.

Quelle affliction n'était-ce pas pour ces hommes
qui naguère se montraient si scrupuleux sur le
choix de leurs confrères, d'être réduits à se me-
surer contre le premier venu qui se présenterait
dans la lice !

Ainsi ravalés dans l'exercice de leur profession, dégagés de leur ancienne discipline, et se
mettant au niveau des circonstances, leur noble
orgueil les abandonna, et ce fut l'époque première de la dégradation du barreau de 1789.

Elle commença par *l'ambulance*, à laquelle
ils se soumirent, entraînés par le genre de leurs
nouvelles fonctions.

En effet, comme l'avocat, qui avait été employé en *première instance*, était naturellement
invité à suivre la cause au *tribunal d'appel*, choisi
dans un *département voisin*, il en résultait la
nécessité d'un fréquent *déplacement*.

Bientôt on ne vit plus que mouvemet et agita- 1791.
tion dans les barreaux de France. Les chemins
étaient couverts, les voitures publiques et les
auberges étaient remplies d'*avocats voyageurs*,
emportant dans leurs malles *livres*, *procédures*,
pièces et tous les autres instrumens du combat,
ne faisant qu'un saut de la *diligence* au *tribunal*.

Comment les avocats du Barreau de Paris
avaient-ils dégénéré au point de se résigner à
ces ignobles transplantations., et à se travestir
en avocats *forains?* Voici la réponse.

Le Barreau de Paris n'existait plus. L'*ordre*,
le *nom* et le *costume* d'avocat avaient été abolis
par le décret du 2 septembre 1790.

Des *intrus*, sous le nom d'*hommes de loi* ou de
défenseurs officieux, s'étaient emparés des fonctions d'avocat, qui, entre leurs mains, perdaient
toute leur noblesse et leur dignité. C'étaient de
telles gens qui *ambulaient* d'un tribunal à l'autre,
et colportaient leur parlage.

Il faut cependant avouer que, lorsque l'urgence
des circonstances imposait le déplacement à quelques avocats de l'ancien Barreau, ils y portaient
les souvenirs et la dignité de leur état, et puri-
fiaient leurs nouvelles fonctions par la manière
dont ils les remplissaient.

1791. Néanmoins, après que L'ORDRE eut été réintégré, en 1810, dans son *nom*, son *costume*, ses *fonctions* et ses *principes*, il resta un arrière-goût de l'*ambulance*, qui n'est pas aujourd'hui tout-à-fait dissipé (1).

---

(1) On voit encore quelques avocats de réputation, qui, cédant aux instances de leurs cliens, quittent leurs affaires, leurs cabinets, pour aller à vingt, trente lieues et au-delà faire preuve de leurs talens. Il faut espérer qu'on les verra bientôt renoncer à cette habitude, quand l'ancien régime de L'ORDRE aura été réintégré dans toute sa perfection.

CHAPITRE VIII.

Variétés relatives à l'Ordre judiciaire, dans l'intervalle du 6 mai 1788 au 30 septembre 1791.

I. Avant la révolution, L'ORDRE des avocats avait une *bibliothèque* particulière, placée dans une des hautes salles de l'évêché, et qui devait son établissement à M. *de Riparfond*, ancien avocat.

L'ouverture s'en fit, pour la première fois, le 5 *mai* 1708, par une messe solennelle du *Saint-Esprit*, célébrée par le cardinal de Noailles, archevêque de Paris.

Ce fut vers le même temps que s'ouvrirent, dans le local de cette bibliothèque, les *conférences de doctrine* établies par M. de Riparfond, et qui depuis devinrent célèbres par l'assiduité et l'émulation des jeunes avocats, et par la bienveillance des *anciens*, qui se faisaient un plaisir de les encourager par leur présence.

Le parlement vint au secours de cette bibliothèque par son arrêt de 1711, en lui attribuant *cinq liv.* par *chaque* réception d'officiers. Ces *cinq liv.* étaient perçues conjointement avec le *droit de chapelle.*

En 1715 , M. le Chancelier (François-Daniel *Voisin*) accorda à cette bibliothèque un exemplaire de tous les livres qui s'imprimaient avec le *privilége du Roi.* (Voyez le *journal de Verdun,* mai 1715, pag. 341.)

Depuis 1708 jusqu'en 1790 (c'est-à-dire pendant un espace de quatre-vingt-deux ans), cette bibliothèque , enrichie considérablement par les dons , legs et acquisitions de livres et *manuscrits,* était montée à près de 40,000 volumes , qui en avaient fait , à l'époque de la *révolution* , une des *bibliothèques* les plus précieuses de la capitale.

Quoiqu'elle ne fût pas au rang des bibliothèques *publiques,* elle était ouverte *trois jours* par semaine aux savans qui venaient y consulter des *manuscrits* qu'ils auraient inutilement cherchés ailleurs (1).

Après le décret du 2 septembre 1790 , qui abolit *l'ordre* des avocats , le gouvernement ne manqua pas de s'emparer de leur bibliothèque , moins à titre de *propriété nationale* qu'à titre d'*espave* et de propriété *sans maître.*

____

(1) Voyez *infrà*, Chap. XI.

Livres, manuscrits, porte-feuilles, gravures, 1791.
mémoires, tout fut pris, et dispersé dans des
bibliothèques nationales, qui s'enrichirent de ses
dépouilles.

II. Le baron de *Bezenval*, ayant été transféré
de *Villenox* au château de *Brie-Comte-Robert*,
trouva, pour gouverneur de ce château, *Bour-*
don (connu depuis sous le nom de Bourdon *de*
l'Oise) (1), procureur au parlement, et qui
s'était fait donner ce gouvernement, comme, en
1589, pendant les fureurs de la Ligue, *Bussi-le-*
Clerc, aussi *procureur au parlement,* avait ob-
tenu le gouvernement de la *Bastille.*

Rien n'était plus grotesque que la morgue de
ce *commandant*, et le baron de Bezenval donne

______

(1) Du nom du département qui l'avait nommé député
à la *convention.*

Au reste, c'est ici le cas de relever la bizarrerie de ces
sobriquets, que quelques membres des assemblées politiques ont adaptés à leurs noms patronimiques.

Ces indications, qui étaient uniquement destinées à
distinguer les députés du même nom, ne devaient pas
survivre à l'*assemblée*, ni se transférer dans la société.

Il est bon d'observer que ce sont ces mêmes hommes
qui avaient interdit aux *nobles* de rappeler dans leurs actes
les titres dont ils étaient décorés avant la révolution.

1791. ainsi le tableau de sa détention : (3.ᵉ vol. de ses *Mémoires*, pag. 425.)

« On répara du mieux possible la partie de
« château qui m'était destinée. Deux corps-de-
« garde furent formés pour le détachement de
« la *bazoche* (1) , à qui j'étais confié, sous le
« commandement d'un M. *Bourdon*, procureur
« *révolté*.

« Le pont-levis fort délabré se releva ; le châ-
« teau reprit toutes les apparences d'une *forte-
« resse*, et le service y fut réglé par *Bourdon*,
« qui, paré de deux épaulettes, se croyait un
« héros.

« La plupart de ces jeunes gens du châtelet
« étaient pleins de *gaîté*, de *drôleries*, de *fran-
« chise* et de *saillies* très-piquantes. Serviteurs
« désintéressés dans un mouvement révolution-
« naire, ils n'y prenaient pas une grande part
« d'*opinion*, et le fanatisme emphatique de
« *Bourdon* leur paraissait aussi risible qu'à moi-
« même.

« Ce *Bourdon* est un homme singulier. Il a

____

(1) La *Bazoche* était une juridiction de *clercs de procureurs*, dont la compétence se bornait à connaître des
différends qui s'élevaient de *clerc à clerc*, à régler leur
discipline, et à délivrer des certificats d'*admittatur* à ceux
qui voulaient traiter d'un office de procureur.

« la plus sotte vanité que j'aie vue de ma vie. Il

« n'est ni *très-méchant*, ni sans esprit, ni sans

« instruction ; mais sa chaleur est brutale, ses

« idées sont fausses et sa science mal acquise.

« Il croyait bêtement au projet du *siége de Paris*,

« aux *grilles* et aux *boulets rouges*.

« Au reste, *Bourdon* est *factieux* et *entrepre-*
« *nant* ; l'audace lui tient lieu de valeur. Si tout
« ceci dure (et j'en ai grand' peur), il aura
« l'ambition d'être quelque chose de plus, et vous
« le verrez se heurter contre la puissance, et s'y
« briser (1). »

III. Quand le baron de *Bezenval* (transféré à
Paris au mois de février 1791) eut besoin d'un

---

(1) Remarquez que ce passage était écrit en 1790. La
prédiction du baron s'est accomplie en 1797.

Bourdon, après s'être signalé dans la *convention* par
le plus chaud et le plus fougueux démagogisme, s'avisa
de continuer sur les mêmes *erremens* au corps législatif,
dans un temps où le *sansculotisme* était passé de saison.

Le *directoire*, qui était las de ces *forts patriotes*, finit
par les comprendre dans sa mesure du 18 *fructidor*,
et l'envoya à la *Guyane*, comme suspect de *royalisme* ;
espèce de mystification qui lui parut plus cruelle que la
déportation. Il en creva de désespoir à *Synamarie*. J'aurai
encore occasion d'en parler, *infrà*, Liv. IV.

1791. *conseil* et d'un *défenseur* sur l'accusation de *lèse-nation* portée contre lui, ses amis le pressaient de recourir à *Target*; mais, réflexion faite, il s'imagina que *Target*, de crainte de se dépopulariser, pourrait se refuser à cette fonction, et il donna la préférence à M. *Desèze.*

« M. *Desèze*, dit-il, avocat célèbre, fut chargé « de ma *défense.* On me proposait de m'adresser « à M. *Target*; mais je doutai (et je ne sais « pourquoi) qu'il osât braver l'inimitié qui s'at- « tachait à mon nom. » (*Mémoires de Bezenval*, tom. 3, pag. 431.)

N'y a-t-il pas quelque chose de singulier dans ce pressentiment qui fut si bien justifié en 1792 ? Et puis n'est-ce pas une autre chose à remarquer que M. *Desèze* fut toujours destiné à réparer, par son courage, la pusillanimité de son bruyant confrère ?

✳

IV. On ne fit pas, en 1789, assez d'attention à une singularité qui signala les premières séances de l'assemblée dite *constituante*; ce fut *l'arrêté* du 20 juin, qui déclara INVIOLABLES *tous et un chacun des membres de l'assemblée.* (*Décret du* 20 juin 1789.) (1).

____

(1) Cet arrêté fut pris à l'issue de la *séance royale,* où le Roi avait ordonné aux *trois ordres* de se retirer

Les membres des *états-généraux* qui avaient 1791.
précédé l'assemblée de 1789, et notamment des
états-généraux de 1614, n'étaient pas assurément moins dignes de considération que ceux
de 1789, puisqu'ils offraient ce qu'il y avait de
plus distingué dans les trois ordres de l'État; et
cependant il ne leur vint pas à l'esprit de s'élever au-dessus de l'autorité royale qui les avait
convoqués, et qui avait le droit de les *congédier.*

Bien plus, dans tout le cours de la session, il
ne se passa pas un jour sans faire un acte de

chacun de sa chambre. Les factieux, tels que *Bailly*,
Syeys, *Mirabeau*, *Camus*, alarmés sur les suites de leur
rébellion, imaginèrent de se mettre sous la protection
de l'*inviolabilité*, se déclarant, dès ce moment, en état
d'*hostilité* contre le monarque, jusqu'à le menacer lui-même
personnellement s'il osait attenter à la *personne sacrée*
d'un député.

« L'assemblé nationale déclare que la personne de
« chacun des députés est inviolable..... que toutes per-
« sonnes qui prêteraient leur ministère à aucun des at-
« tentats (arrêter ou faire arrêter, détenir ou faire dé-
« tenir un député), *de quelque part* qu'ils fussent or-
« donnés, sont *infâmes* et traîtres envers la patrie, etc. »
Faites bien attention à ces expressions : *de quelque
part qu'ils fussent ordonnés* ; ce qui s'appliquait au *monarque* comme aux ministres ; et concevez, si vous le
pouvez, un *Roi de France* menacé de la déclaration
d'*infamie* et de *trahison!*....

1791. *soumission* et d'*obéissance*, au point de se reconnaître justiciables du parlement de Paris pour les *délits* qui se commettraient dans l'intérieur de l'assemblée de *député* à *député*.

La condamnation du comte de *Bonneval*, député du *bas Limousin*, dont il a déjà été dit un mot *suprà*, pag. 70, en fournit une preuve mémorable.

Son procès, ayant été instruit à la *requête du procureur-général*, fut terminé par un ARRÊT ainsi conçu :

« TOUT *considéré*, notredite Cour déclare le-
« dit *Henri Bonneval* ATTEINT et CONVAINCU des
« crimes et outrages commis en la personne du-
« dit *de Chavaille*.

« POUR réparation desquels a condamné ledit
« Bonneval à être DÉCAPITÉ sur un *échafaud*,
« *qui, pour cet effet, sera dressé sur la place du*
« *pont Saint-Michel* de cette ville (1), si appré-
« hendé peut être, en *sa personne*, sinon en
« *effigie.* »

L'ARRÊT fut exécuté le même jour sous les yeux de l'assemblée.

---

(1) On avait choisi cet emplacement comme étant le plus voisin du lieu du *délit* : les *états-généraux* siégeaient aux *Grands-Augustins*.

CHAPITRE IX.

Apposition des Scellés au Palais de Justice.

On se rappelle que le décret du 7 *septembre* 1790 avait fixé au 15 octobre l'extermination du parlement de Paris, avec ordre aux officiers municipaux de se rendre *en corps* au Palais, à l'heure de midi, où le *greffier* serait tenu de se trouver.

Après avoir fait fermer les portes des *salles, greffes, archives et autres dépôts de papiers ou minutes*, ils devaient faire apposer, en leur présence, le scellé par le *secrétaire-greffier*.

Il leur était, au surplus, enjoint, pour la sûreté des dépôts, de requérir du commandant, soit des troupes de ligne, soit des gardes nationales, le détachement nécessaire à la garde des portes extérieures.

MM. Bailly, *maire*, et de La Fayette, *commandant de la garde nationale*, se mirent en devoir de s'acquitter ponctuellement d'une mission qui ne pouvait manquer de leur être fort agréable.

Tous deux membres de l'assemblée qui avait

1791. ordonné cette mesure, ils y trouvaient une occasion de faire parade de leur dévouement au système *anti-parlementaire*.

On remarqua néanmoins une certaine inconvenance dans ces fonctions.

Tout à-la-fois *commettans* et *commis*, ils exécutaient, comme fonctionnaires *municipaux*, une opération à laquelle ils avaient concouru comme *législateurs*, et l'on voyait se reproduire cette confusion de pouvoirs contre laquelle ils s'étaient eux-mêmes tant de fois élevés.

Mais on était habitué à voir de pareilles contradictions, et les grands principes, admirables *sur le papier*, étaient abandonnés dans la *pratique*.

Au surplus, le MAIRE *Bailly* avait une autre raison encore de chérir cette expédition : il était membre de l'*académie française*, corporation ennemie-née du parlement, qui avait combattu sa création par un refus d'*enregistrement* pendant dix-huit mois (1).

Ajoutez que le *parlement* s'était toujours tenu en état de guerre contre l'académie, par son op-

____

(1) Les *lettres patentes* du mois de janvier 1635 ne furent enregistrées que le 10 juillet 1637, et même avec des modifications qui déplurent beaucoup à l'académie.

position constante contre sa nouvelle doctrine ,
et par sa persévérance à faire justice , *au pied du grand escalier du Palais*, des produits académiques , subversifs du *trône* et de *l'autel.*

Quel triomphe pour *l'académicien* magistrat de servir le ressentiment de son illustre corps , et d'être appelé à *sceller* le cercueil d'un aussi puissant adversaire !

Aussi rien ne fut épargné pour donner un grand appareil à cette expédition , qui participait du *militaire* et du *civil.*

Dès le matin du 15 octobre , de nombreux détachemens de troupes de ligne et de gardes nationales inondèrent les cours du Palais , et s'emparèrent de toutes les issues , comme s'il s'agissait d'en faire le siége.

Vers midi , un pompeux cortége sort de l'hôtel-de-ville , s'acheminant vers le Palais de Justice dans l'ordre qui suit :

M. de La Fayette à cheval et accompagné d'un brillant état - major ;

Les quatre compagnies des *gardes de la ville,* ayant à leur tête leur capitaine-général-colonel, et distribuées autour des voitures ;

VOITURE de *cérémonie* de M. le maire;

Onze voitures de *suite ,* occupées par soixante

1791. membres environ formant le *corps municipal* (1), et parmi lesquels on comptait un grand nombre de *magistrats* et d'*avocats* distingués, qui se voyaient, avec bien de la répugnance, traînés à une pareille cérémonie (2).

Arrivé dans la cour du Palais, M. Bailly monte les *trente-cinq marches* avec une gravité majestueuse, entouré de son cortége, qui lui formait une espèce d'*état-major*, et dans l'opinion qu'il trouverait, *au haut de l'escalier*, le greffier en chef du parlement, pour lui offrir les clefs, suivant qu'il se pratique à l'égard d'un général vainqueur qui entre dans une ville après la capitulation.

Mais pour cette fois sa vanité fut déçue.

---

(1) Alors le corps municipal de Paris se composait du *maire* et de *quarante-huit officiers municipaux.*

(2) Il ne faut pas se faire une idée de la municipalité de 1789 et 1790 d'après les municipalités de 1792 et 1793.

Les deux premières étaient composées de ce qu'il y avait de plus distingué dans la *magistrature*, le *barreau*, la *finance*, le *commerce*, etc., *conseillers au parlement*, à la *cour des aides*, au *châtelet*, *maîtres de requêtes*, *avocats*, *médecins*, *notaires*, *curés*, *artistes.*

(L'*Almanach Royal* de 1791 en donne la nomenclature, *pag.* 580.)

Ni le *greffier en chef*, quoique prévenu la veille, ni aucun autre greffier ne se montrèrent ; et M. le Maire fut réduit à recevoir les clefs du *buvetier*, qui, après s'être fait long-temps attendre, les livra de mauvaise grâce.

La première station se fit à la *grand'chambre*; ce qui donna lieu à une scène qui mérite d'être consignée ici.

Dès que le corps municipal eut entré dans cette chambre, il parut saisi d'une terreur religieuse. L'aspect de cette basilique, qui rappelait tant de souvenirs honorables, tant d'époques fameuses de notre histoire; ces voûtes silencieuses, qui avaient tant de fois retenti de voix éloquentes, firent une telle impression sur le corps municipal, qu'aucun des *soixante membres* qui le composaient n'osa traverser le *parquet*, ni prendre sa place sur les siéges qui le garnissaient. Tous restèrent *debout* dans la salle, gardant un morne silence et dans l'attitude de la consternation.

Bailly, le seul Bailly, inaccessible à cette sensation générale, s'avance dans le parqnet, se repose sur les siéges des *gens du Roi*, affectant de choisir la place habituelle de M. *Séguier*, et semble prendre plaisir à fouler ce siége d'où étaient partis tant de *réquisitoires* foudroyans contre les novateurs.

1791. Au sortir de la *grand'chambre*, le cortége est conduit dans les autres chambres.

Pendant le cours de ces visites, on vit accourir un *exprès* dépêché par le *commandant-général*, qui dénonce à M. le maire un fait important.

C'était la découverte d'un *écusson blasonné* de signes féodaux, appliqué sur le *mai* (1) planté dans la cour du Palais.

L'officier demande qu'on lui donne sur-le-champ l'ordre d'exterminer ce reste odieux de l'*aristocratie*, dont l'aspect irrite le *bon peuple* des cours du Palais.

M. *Bailly*, ravi d'exercer un acte de *juridiction* dans le sein même du parlement, se forme aussitôt un *petit conseil municipal*, et sur les *conclusions du procureur de la commune*, il rend un *arrêté* portant que l'*écusson* rebelle, et même l'*arbre*, son complice, seront à l'instant supprimés, détruits et mis en pièces.

---

(1) Ce *mai* était un chêne que le corps de la Bazoche, suivant un ancien privilége, allait couper chaque année, vers le mois de mai, dans la forêt de *Bondi*, et de suite transplanter avec pompe dans la cour du Palais, au **pied** du grand escalier. Sur ce mai était appliqué un écriteau portant la date de sa transplantation, et le nom des officiers de la Bazoche qui étaient en fonction. En tête de cet écriteau se trouvaient les armoiries de la Bazoche composées de *trois écritoires*.

Quatre commissaires sont nommés pour sur- 1791.
veiller l'exécution (MM. *Deyeux*, *Vignier*,
Vignier de *Curny* et *Lardin*).

Ceux-ci se rendent dans la cour qui était le siége du délit; les *sapeurs* sont mis en activité ; l'arbre tombe aux acclamations de la populace, et l'*écusson* est condamné aux flammes.

Cependant l'apposition des scellés se continue sur les *chambres*, *greffes* et *dépôts*, au nombre de soixante-huit, le tout mentionné dans un procès-verbal dressé sur place.

On nomme des *gardiens*, on place des *sentinelles*.

Enfin, le cortége se retire du palais, et rentre à l'hôtel-de-ville dans le même ordre et avec le même appareil qu'il en était sorti.

Comme la journée du 15 n'avait pas achevé toute l'opération, elle est reprise le 18, en présence du *procureur de la commune*, par quatre commissaires nommés à cet effet (MM. *Maugis*, *Rousseau*, *Vignier* et *Lesguillier*).

V. Au nombre des *chambres* du Palais de Justice, sur lesquelles il y eut *apposition de scellés* dans les journées du 15 et 18 octobre 1790, il en existait une qui emportait quelque intérêt sous

1791. le rapport des souvenirs historiques auxquels elle se rattachait.

Je veux parler de la *chambre* qui avait servi de *dépôt* au testament de *Louis XIV*.

Chacun sait que ce monarque, se voyant sur la fin de sa carrière, donna au parlement ce témoignage honorable de confiance de le rendre dépositaire de ses *dernières volontés*.

Les détails de ce *dépôt*, mal connus et mal rapportés par les *mémoires du temps*, méritent d'être consignés ici.

Le *dimanche* 26 *août* 1714, M. le premier président du parlement (De Mesmes) et M. le procureur-général (d'Aguesseau) se rendirent à Versailles sur un ordre du Roi.

Introduits dans le cabinet où se trouvait aussi M. le chancelier (*Voisin*), Sa Majesté, adressant la parole aux deux magistrats du parlement, leur dit « que, grâces à Dieu, il se sentait encore assez « de force pour soutenir le poids des affaires de « l'État; que, néanmoins, faisant réflexion à son « âge et à celui de M. le Dauphin, son arrière- « petit-fils, héritier présomptif de la couronne, « il avait cru être obligé de pourvoir à sa *garde* « et à sa *tutelle*, et en même temps au gou- « vernement du Royaume, en cas qu'il vînt à « décéder avant que le Dauphin fût parvenu à

« l'âge de *quatorze ans commencés*, qui est celui 1791.
« de sa majorité ; que , dans cette vue , il avait
« fait dresser un *édit*, sous le *contre-scel* duquel
« il avait fait attacher un *paquet cacheté de ses*
« *armes*, où l'on trouverait *écrit et signé de sa*
« *main* l'ordre qu'il voulait être établi , tant pour
« la *tutelle* du Roi mineur que pour la *régence ;*
« mais que , comme il ne voulait pas , pour de
« bonnes raisons , que sa volonté fût connue
« avant son décès , il ordonnait , par un *édit* ,
« que le *paquet cacheté* soit *déposé* au greffe du
« parlement , pour être ensuite ouvert et exécuté
« aussitôt qu'il aurait plu à Dieu de disposer
« de lui. »

Au même instant, les deux magistrats reçurent
le paquet des mains de M. le *chancelier*, accompagné d'ue *lettre de cachet* ainsi conçue :

« *Nos amés et féaux*, nous vous envoyons
« notre *édit*, par lequel nous voulons que l'acte
« *écrit et signé de notre propre main*, renfermé
« dans un paquet cacheté de nos armes et y at-
« taché, sous le contre-scel de notre chancel-
« lerie, soit regardé comme *notre testament et*
« *ordonnance de dernière volonté*, et conservé en
« *dépôt* par notre cour de parlement jusqu'à la
« fin de notre vie , sans que , sous quelque pré-
« texte que ce soit, il puisse être ouvert ayant

1791. « notre décès ; à *l'enregistrement* duquel *édit* nous
« vous mandons de procéder, etc. »

Le lendemain 27 , les chambres furent convo-
quées pour le 29.

Au jour indiqué, MM. les gens du Roi présen-
tèrent , 1.° le *paquet cacheté de sept cachets aux
armes de France*, au dos duquel était écrit : « *Ceci*
« *est mon testament, signé LOUIS.* »

2.° L'*édit.*

3.° La *lettre de cachet.*

Sur quoi intervint, sur-le-champ, arrêt portant
enregistrement de l'*édit*, avec mention de la réception du *dépôt.*

Le même arrêt ajoute :

« Et , *tant ledit arrêt que ledit paquet* attaché
« sous le contre-scel d'icelui , *seront déposés au*
« *greffe de la cour*, dans le lieu le *plus sûr*, et
« *mis dans une armoire fermant à trois clefs de*
« *serrures différentes ;* L'UNE desquelles clefs sera
« remise entre les mains de messire Jean-Antoine
« *De Mesmes*, premier président ; L'AUTRE entre
« les mains du *procureur-général du Roi* , et la
« TROISIÈME en celles de M.ᵉ Nicolas *Dongois*,
« greffier en chef de ladite cour ; *procès-verbal*
« *préalablement dressé* par ledit messire Jean-
« Antoine De Mesmes , premier président, en
« présence du procureur-général du Roi , *tant de*

(197)

« *l'état dudit paquet cacheté* que du *lieu où ledit*   1791.
« *édit et ledit paquet seront déposés.* »

Le lendemain 3o, les deux magistrats , accompagnés du greffier en chef et du sieur *Bois-franc* , architecte des bâtimens du Roi, s'occupèrent de la recherche d'un local propre à recevoir le *dépôt.*

C'est ici que les *mémoires* du temps offrent des contradictions assez bizarres.

Voltaire (Hist. du Parlement, chap. 58o) prétend que le testament *fut renfermé dans une chambre bâtie exprès.*

Le duc de *Saint-Simon* (Tom. I.er) dit «que
« le premier président et le procureur-général,
« aussitôt leur retour à Paris , envoyèrent cher-
« cher des ouvriers, qu'ils conduisirent dans une
« tour du Palais; qu'ils firent creuser un *grand*
« *trou* dans cette tour qui est fort épaisse , et y
« *déposèrent le testament ;* qu'ils en firent fermer
« l'ouverture par une *porte de fer* , et une *grille*
« *de fer* en seconde porte , et une *muraille* par-
« dessus ; que la porte et la grille eurent trois
« serrures différentes, etc. »

Duclos , dans ses Mémoires , parle aussi du *trou* pratiqué dans l'épaisseur du mur de la tour , sous une grille de fer et une porte fermée de trois serrures. (Tom. V, pag. 107.)

1791.
Les *Mémoires* publiés sous le nom *du Duc de Richelieu* se bornent à dire que l'acte fatal fut renfermé dans une des tours du *Palais*. (Tom. I.er, pag. 181.)

Aucun d'eux ni de ceux qui les ont suivis ne parlent de *l'armoire* dont L'ARRÊT du 3o *août* avait ordonné la fabrication, et tout ce qu'ils disent du local est tout-à-fait inexact.

Voici des détails sur lesquels on peut compter :

Le choix des magistrats se porta sur un *local* situé dans une des tours du Palais, appelée *la tour des archives*, servant de *greffe des dépôts* au parlement.

Ce fut cette dernière pièce, de six pieds carrés, qui fut choisie pour la conservation du dépôt, après toutefois qu'elle aurait été mise en état de sûreté par l'architecte *Boisfranc*.

A force d'ouvriers de toute espèce, le local, au bout de *douze jours*, fut en état d'être soumis à l'examen des magistrats, qui le trouvèrent propre à sa destination.

Le *procès-verbal* qu'ils en dressèrent sur le lieu même est assurément le titre le plus authentique qu'on puisse consulter à ce sujet.

On y voit « que ce *cabinet noir* avait été entiè-
« rement revêtu de *dalles de pierre de taille*, qui
« le garantissaient de toute introduction furtive,

« ne laissant d'entrée que par une *porte grillée en*   1791.
« *fer*, pratiquée dans un mur de pierres de taille,
« ladite porte entrant en feuillure, dans le mur
« de son épaisseur, *ferrée par le haut et par le*
« *bas* sur un châssis de fer enclavé dans le seuil
« et dans le linteau de la porte avec des touril-
« lons haut et bas et deux pentures.

« Ladite porte fermant à trois serrures diffé-
« rentes, battant sur un châssis de fer enclavé
« dans la pierre et portant les trois gâches des-
« dites serrures. »

L'architecte avait fortifié cette première *porte*
par « une *seconde* de bois de chêne, recouverte
« en *plaques de fer*, ferrée de trois pentures, et
« fermant aussi par trois différentes serrures. »

Voilà pour la porte d'entrée de la chambre
noire ; restaient les précautions pour l'*armoire*
destinée au dépôt.

» Au fond de la pièce était construite une es-
« trade *en pierres de taille*, de *quatre pieds carrés*
« *sur deux pieds de hauteur*. Sur cette estrade
« était élevée une armoire de bois de chêne de
« *trois pieds quatre pouces de haut* sur *deux*
« *pieds quatre pouces de large*, posée sur un
« châssis de fer, garnie de fer en dedans, avec
« l'ouverture ferrée à une double charnière dans
« toute sa hauteur, et fermant par trois différentes
« serrures.

« Ces trois *serrures* étaient recouvertes par le
« dessus de trois barres de fer, ferrées sur le
« châssis de fer qui renfermait l'armoire, et qui
« servaient à cacher les trois serrures. Ces barres
« fermaient sur le châssis avec trois cadenas dif-
« férens. »

Le corps de l'armoire était *adossé* au gros mur,
mais néanmoins isolée de *trois pouces par derrière*, et appuyé contre trois barres de fer qui
remplissaient l'épaisseur de l'*isolement*.

Toutes ces serrures étaient destinées à défendre
l'armoire contre les atteintes des *curieux* et des
malveillans.

Au milieu de l'*armoire* était un petit *coffre* de
la proportion nécessaire, *doublé de velours bleu*,
garni d'équerres de fer en dehors, et retenu au
fond de l'armoire par *quatre vis* dans la hauteur
du *coffre* et en dédans.

C'est dans ce *coffre* qu'on introduisit le porte-
feuille de *marroquin noir* contenant le *paquet
royal*.

Il fut enjoint aux commis qui travaillaient dans
les deux premières pièces de veiller à ce que
personne n'approchât du lieu du dépôt.

Cet état de clôture se maintint jusqu'à la mort
de Louis XIV, arrivée le 1.er septembre 1715.

Dès le lendemain, le dépôt fut retiré et porté

aux chambres assemblées ; mais tant de soins ac-
cumulés pour la conservation du testament n'a-
boutirent, comme on sait , qu'à sa suppression. Il
perdit sa force quand il fut ouvert : semblable à
ces lampes sépulcrales qui s'éteignent au moment
où elles sont produites au jour.

Depuis cette extraction , ce local si révéré reprit sa première destination ; mais on laissa subsister l'armoire.

Peu à peu la tradition du testament royal s'af-
faiblit , et ne se conserva que dans la mémoire
des habitans du Palais.

Elle était presque entièrement perdue à l'époque
de 1791 , lorsque le *conservateur des archives judiciaires* fit enlever de cette pièce toutes les liasses
et les sacs qui l'encombraient.

Elle fut, depuis , tout-à-fait abandonnée , et
servit d'espèce de garde-meuble.

Ce ne fut que vingt ans après (en 1780) qu'elle
se manifesta à M. *Peyre,* architecte du gouvernement, à l'occasion de travaux dont il était chargé
dans cette partie du Palais pour l'installation de la
Cour de Cassation.

Cherchant de nouveaux *cabinets* pour les juges,
il arriva à ce *local,* qui servait à contenir du *bois
à brûler,* et, poussant jusqu'au bout , il pénétra
jusqu'à l'*armoire de fer* en question , qui, par ses

1791. *accessoires*, lui révéla une destination mysté-
rieuse.

M. *Peyre* en fit son rapport au ministre de
l'intérieur.

Le ministre fit faire des recherches aux *archives
judiciaires*, qui m'ont fourni une partie des *ren-
seignemens* qu'on vient de voir.

Il y eut, à ce que je crois, des ordres de laisser
le local dans le même état où il se trouvait alors,
et dans lequel il se trouve encore aujourd'hui.

Ayant eu occasion d'y pénétrer, je l'ai reconnu
absolument conforme au *signalement* porté dans
le procès-verbal du 12 *septembre* 1715, moins
une des deux portes d'entrée qui a été enlevée.
L'armoire de fer, ses *barres*, les *arcs-boutans* sur
les *murs*, l'*estrade*, tout s'y retrouve jusqu'aux
vestiges des *vis* qui rattachaient le *coffret* au fond
de l'armoire.

Tout *s'y retrouve !* et en même temps tout y
devient, pour l'observateur, l'objet de tristes
réflexions. Voilà donc tout ce qui reste du testament d'un monarque absolu, qui habitué, pendant un long règne, à donner sa volonté pour
des lois, n'eut pas la puissance de la faire survivre pendant *vingt-quatre heures !*

De quoi a servi cette immensité de précautions où l'on s'est épuisé pour mettre ce dépôt à

l'abri de toute atteinte ? *armoire de fer* , *barres* , 1791.
serrures , *doubles grilles* , vous subsistez encore,
comme pour servir de témoignage de la futilité
de la prévoyance humaine ! et, sous ce rapport,
cette chambre devient un monument digne d'être
visitée et conservée.

*

VI. En ordonnant l'apposition des scellés,
l'assemblée de 1789, par l'effet de son imprévoyance habituelle, n'avait pas pensé aux inconvéniens qui pouvaient en résulter. Elle en fut
bientôt avertie par les clameurs des parties qui
demandaient des expéditions d'*arrêts* , *jugemens*
et autres actes détenus sous ses scellés.

Ce qui donna lieu à un *second* décret portant :

Art. 1. « Que les *officiers municipaux* feraient
« immédiatement la reconnaissance et levée du
« scellé apposé sur les dépôts qui contiennent les
« *minutes des arrêts* rendus en la *présente année*
« 1790 et dans les *cinq années antérieures ;* que
« ces minutes seraient confiées à la garde du
« greffier et des commis-greffiers provisoires, qui
« en demeureront chargés et responsables.

2. « Que les greffiers aux expéditions des ar-
« rêts du parlement de Paris et tous autres dépo-
« sitaires ou détenteurs des *minutes* d'arrêts se-

1791. « raient tenus, dans le délai de trois jours, de
« passer, devant la municipalité de Paris, *décla-*
« *ration* des *minutes* d'arrêts qui se trouvent entre
« leurs mains ;

« Que, faute par eux de faire cette déclaration
« et de remettre les minutes au dépôt, entre les
« mains des *greffiers* ou *commis-greffiers* établis
« par l'article précédent, ils y seraient *contraints*
« *par corps.* »

En exécution de ce décret, et par une délibération du 2 *novembre* 1790, M. *Terrasse*, ex-
commis-greffier au greffe criminel du parlement,
fut nommé *greffier provisoire*, pour surveiller et
délivrer les expéditions des arrêts rendus dans les
cinq années précédentes désignées au décret du 19
octobre. Le 4, il prêta serment entre les mains
du maire.

Le lendemain 5, plusieurs commissaires de la
municipalité se rendirent au Palais, à l'effet de
lever les scellés sur les *dépôts du parlement;* on
en retira les minutes de 1790 et des *cinq années*
précédentes, qui furent de suite remises à la garde
du greffier provisoire.

Mais l'assemblée de 1789, ne faisant jamais
les choses qu'à moitié (si ce n'était en matière
de destruction), n'avait pas prévu que cette restriction aux *cinq années* laissait en souffrance

l'expédition des *années antérieures* à 1785. Il fallut donc que la municipalité sollicitât un nouveau décret pour obtenir plus de latitude.

Effectivement, le 6 mars 1791, intervint un troisième décret, par lequel « la municipalité fut « autorisée à nommer tel gardien qu'elle jugerait « à propos, dont elle prendrait le serment, et « qui, après la reconnaissance et levée des scel- « lés, se chargerait, sur un bref état, des *minu-* « *tes, registres, archives* des *anciens tribunaux*, « et en délivrerait des *extraits* ou des *expédi-* « *tions.* »

Ce fut encore M. *Terrasse* qui fut nommé à cette fonction; et, après avoir prêté le serment requis, il entra en possession de l'intégralité du *dépôt judiciaire*, qui reçut depuis une grande extension par la réunion des archives des autres cours et tribunaux.

Par l'effet de ses soins, ce *dépôt judiciaire* présente aujourd'hui le caractère d'un monument précieux, et qui mérite une description parti- culière.

1791.

✻

Archives judiciaires.

VII. Il ne faut pas confondre ces *archives* avec celles des *chartres du royaume* (1).

---

(1) Les Registres des Chartres sont connus sous le nom des *Registres* de *Philippe-Auguste*, et ne remontent qu'à 1195, les registres antérieurs ayant été perdus à la fatale journée de 1194, près du village de Bellefoge dans le Blésois. Le *chartrier*, le *sceau royal* et beaucoup d'autres effets précieux devinrent la proie du soldat. Ces titres se trouvèrent tellement anéantis qu'il ne fut plus possible d'en trouver un seul, même à la cour de Londres.

En 1220, *Guérin*, évêque de Senlis et chancelier de France, fit *relier*, sous la forme de *registres*, toutes les *chartres* d'une date postérieure à 1194, et en fit faire quelques *copies*, qu'il distribua dans plusieurs dépôts pour d'autant mieux prévenir leur dispersion.

La bibliothèque du Roi réunit aujourd'hui *trois* de ces copies.

Le principal dépôt, appelé le *Trésor des Chartres*, fut d'abord placé au *Temple*, où se trouvait aussi le *Trésor de la Couronne.*

Sous Saint Louis, le trésor des chartres fut transféré à la Sainte-Chapelle, sous la garde d'un trésorier, qui reçut le titre de *garde du trésor des chartres.* Cette fonction fut par la suite (en 1582) réunie à l'office de procureur-général du parlement de Paris ; et M. Joly de Fleury en était titulaire à l'époque de la révolution.

En 1789, l'assemblée dite *constituante*, et qui *déconstituait* tout, transféra ce dépôt à l'hôtel de Soubise.

Il n'est question ici que du dépôt qui contient 1791.
le rassemblement des *minutes*, *registres* et *pièces*
de toutes les *cours* et *juridictions* qui existaient
dans l'enceinte de Paris à la fin de 1790 et au
commencement de 1791, époque de leur suppression.

La seule *collection* des registres du parlement (1)
se compose de *six mille*.

(1) Ce fut vers 1254 que s'introduisit l'usage des registres
du parlement, qui ont pris le nom d'*Olim*. Quoique commencés en 1254, leur série régulière ne se laisse apercevoir que depuis 1257, époque de l'exercice de *Jean de
Mont-Luc*, greffier civil.

Ces *olim* finissent en 1319, plusieurs années après la
fixation du parlement à Paris, et sans qu'il s'y trouve de
lacune depuis 1257 : ce qui remplit un espace de soixante-
deux ans.

Où finissent ces *olim* commencent les *registres civils*,
mais avec quelques interruptions.

D'abord on ne trouve que les années 1320, 1321, 1322
et 1329; après quoi il y a des lacunes jusqu'en 1338.

La série exacte se reprend jusqu'en 1354, où les lacunes recommencent jusqu'en 1364. Cette discontinuité
de dix années s'explique par les troubles civils qui dé-
chirèrent le Barreau à cette époque (Voyez *Histoire des
Avocats*); mais, depuis 1364, ils deviennent exacts jusqu'en 1780.

Ces registres sont en parchemin, et chaque année en
remplit ordinairement trente-cinq à quarante.

1791.

On y trouve aussi la collection des *ordonnances des Rois de France*, depuis 1337 jusques et compris 1759.

On y conserve : 1.º Une réunion de *signatures des Rois de France* sur des lettres adressées au parlement, le tout rangé par *ordre chronologique.*

La première de ces lettres, datée de 1376, est signée de Charles V. On y voit une *ligne entière* écrite de la *main du monarque.*

2.º Les *coutumes originales* de France, les *minutes* du *conseil secret* du parlement de Paris (pièces très-utiles à l'histoire).

3.º Une collection d'arrêts célèbres en matière criminelle (1).

---

(1) Le plus ancien *registre criminel* qui soit dans ces *archives* commence en 1312. Les autres se suivent sans interruption jusqu'en 1571 ; vient ensuite une lacune de 1571 jusqu'en 1599 ; après quoi la série se reprend jusqu'en 1789, moins les trois mois de 1610, après la mort de Henri IV, dans lesquels se trouvait le procès de *Ravaillac.*

D'où vient cette lacune ?

On croit qu'ils ont été enlevés par quelque ordre supérieur. A l'époque de la *révolution*, il n'y en avait à Paris que *trois copies*, dont une à la bibliothèque de Saint-Victor, une autre dans celle de M. le chancelier

4.º Un recueil des procès faits aux grands du royaume.

5.º Les registres du *parlement de Poitiers*, à commencer de 1427, sous Charles VII.

6.º Les registres du parlement transféré à *Tours*, en 1589, sous Henri III et Henri IV.

7.º Les minutes des *accords*, *concordats* ou *transactions* passés en parlement entre diverses parties.

La plus ancienne de ces *minutes en rouleaux sur parchemin* est de l'an 1300. Ces *rouleaux*, au nombre de 27,000, sont tous étiquetés et rangés par date de *jour*, de *mois*, d'*année*, et contiennent une immensité de pièces intéressantes pour la partie domaniale des grands fiefs et l'histoire du droit public de la France.

Ce *dépôt* acquiert une nouvelle importance par l'ordre et l'arrangement qui le rendent accessible aux recherches.

Il est établi dans un vaste local distribué en *dix parties*, dont trois ont, chacune, *deux cent seize pieds de long;* la moindre est *de soixante pieds*.

---

d'*Aguesseau*, et une autre dans la *bibliothèque des Avocats;* mais elles sont devenues la proie du gouvernement de 1793 et de ses agents.

1791.

L'ancien local de la Sainte-Chapelle (haute), si renommée par ses beaux *vitraux*, forme une de ces divisions (1).

Des préposés à la garde de ces *archives*, sous l'inspection du *conservateur*, délivrent aux parties et aux savans l'expédition des pièces demandées, à l'exception néanmoins de quelques-unes que des raisons d'ordre public ne permettent pas de communiquer.

Il y a lieu de s'étonner qu'un dépôt de cette nature, riche en *parchemins* et en titres de *féodalité*, ait échappé à la rage révolutionnaire et aux décrets vandaliques de 1793 (2).

---

(1) C'est dans cette partie que sont déposés les registres, minutes et autres pièces qui concernent :

Le conseil privé.	La cour des aides.
La commission extraordinaire du conseil.	L'élection de Paris.
	La cour des monnaies.
. La grande chancellerie de France.	Le bailliage du Palais.
	La connétablie.
Les secrétaires du Roi.	L'amirauté de France.
Le grand conseil.	Les eaux-et-forêts.
Le parlement de Paris.	La chambre des bâtimens.
Les conseils supérieurs de 1771.	Le châtelet de Paris.
	Le bureau de la ville, etc.

(2) Un décret du 19 juin 1792 ordonnait le *brûlement* de tous les titres *généalogiques* qui se trouvaient dans un dépôt public, quel qu'il fût.

Il en faut avoir l'obligation à M. *Terrasse*, qui eut l'adresse et le courage de lutter contre les réclamations et les menaces journalières de ce misérable Chaumette (procureur de la commune du 10 août), qui en voulait faire des *gargousses*.

VIII. Puisque nous sommes arrivés aux derniers momens du *Parlement de Paris* et au partage de sa succession ; avant de quitter cette époque, c'est l'occasion toute naturelle pour l'*Histoire du Barreau de Paris* de rendre hommage à la mémoire de cet auguste corps, en l'offrant à la postérité (qui est déjà commencée) sous les traits qui lui conviennent, dégagés de tout esprit de parti qui, depuis vingt-cinq ans, n'a cessé de le défigurer.

Sur le Parlement de Paris.

Nous n'irons pas nous perdre dans des discussions usées et rebattues sur l'origine du parlement de Paris ; il nous suffira de le prendre au temps où il fut rendu *sédentaire* à Paris par *Philippe-le-Bel* en 1302 ; époque d'autant plus intéressante que, depuis, le parlement conserva toujours la même physionomie jusqu'au moment de sa suppression en 1790.

 Avant *Phlilippe-le-Bel* et vers le milieu de la *seconde race*, le CONSEIL des Rois de France était composé de *prélats, barons* et *jurisconsultes* (ceux - ci désignés sous les noms de *clercs, prud'hommes* et *maîtres*) (1).

Ce *conseil* était partagé en deux *sections*, alternativement *ambulatoires*, pour aller dans les provinces tenir des *assises* à des époques déterminées, juger les *appels*, surveiller l'exercice de la justice dans les bailliages, sénéchaussées, prévôtés et châtellenies royales.

C'est cette *section* circulaire que l'histoire indique sous le nom de *parlement ambulatoire*.

L'autre *section* du *conseil* était en permanence auprès du Roi, et s'occupait des *ordonnances*,

---

(1) La qualité de *maître* était un titre honorifique et fort recherché dans les 12.e, 13.e et 14.e siècles. Voilà pourquoi les conseillers au parlement furent long-temps qualifiés *maîtres* du parlement.

Une requête de 1310, rapportée dans les *Olim*, commence ainsi :

« A vous MAITRES du Parlement de notre Seigneur le « Roi. »

Ce titre de *maître* s'est conservé pour les grandes charges : *maître* des requêtes, *maître* des comptes, *grand-maître* de la maison du Roi, *grand-maître* de l'artillerie, etc.

lettres patentes, règlemens et autres objets d'*ordre* 1791.
public et d'*administration.*

Les *décisions* du Roi avaient besoin du concours des deux *sections*, lorsqu'elles sortaient du cercle de l'administration, et qu'elles étaient destinées à prendre le caractère de *loi* générale.

Ainsi, quand il s'agissait d'un article de cette nature, il fallait attendre le retour de la *section ambulatoire* pour lui soumettre la loi projetée et obtenir son adhésion : ce qui nous représente en quelque sorte les *deux chambres* actuelles.

Si cet assentiment était donné, la LOI était faite (1) et promulguée au *nom du Roi* par le chancelier, avec la *formule* particulière, portant mention que la loi avait été délibérée au conseil du Roi et en parlement (2). Et cette formule, qui

---

(1) « Et Nous.... parce que ladite ordonnance nous
« semble convenable et profitable à la besoigne, que nul
« ne la doit refuser, nous y consentons. » (*Ordonnance*
de 1303.)

(2) De l'avis de notre conseil.

« Noveristi quod per voluntatem et assensum archiepis-
« coporum, episcoporum, comitum, baronum, militum
« et prudentum regni Franciæ, fecimus stabilimentum
« hoc, etc »

« De magnorum nostrorum et prudentum consilio sta-
« tuimus. »

1791. n'était autre chose que *l'enregistrement*, imprimait le caractère de loi, sans quoi l'ordonnance n'aurait été considérée que comme un projet de loi, dénué de force obligatoire.

Mais, revêtue de cet *assentiment*, elle devenait ce que devient aujourd'hui une loi fortifiée de l'assentiment des deux chambres. Elle n'était promulguée qu'au nom du Roi, avec une formule qui conservait la toute-puissance royale : *De notre certaine science, puissance et autorité royale* (1).

Quand les *deux sections* étaient divisées d'opi-

____

(1) Les faiseurs de l'assemblée de 1789 se sont égayés sur cette formule : De *certaine science et autorité royale, tel est notre plaisir;* et, à commencer par leur chef *Mirabeau*, ils n'ont cessé de déraisonner à perte de vue à ce sujet. Cependant cette formalité n'offrait rien que de judicieux.

Qui ne voit que ces expressions *de notre certaine science* ne signifiaient autre chose que *pour certaines considérations à nous connues,* manière de parler qui se retrouve encore dans les actes passés entre particuliers.

A l'égard de la *pleine puissance* et *autorité royale*, rien n'était ni plus vrai, ni plus intelligible, puisque la loi, revêtue de l'assentiment qui la rendait exécutoire, devenait l'ouvrage de la *pleine puissance* et de *l'autorité royale,* ainsi que nous l'avons fait voir ci-dessus, pag. 152.

nions sur l'adoption de la loi, le Roi les rassem- 1791.
blait dans son palais, et il se faisait alors un
parlement auquel le Roi présidait ; et si, après
les raisons déduites de part et d'autre, la *section
judiciaire* persistait dans son refus, la loi était ou
rejetée ou *amendée*.

Telle était incontestablement le mode de formation de la loi dans ce temps-là, à partir du
milieu de la seconde race.

Et déjà l'on reconnaît le germe des *vérifications*
et *enregistremens*, qui tiennent tant de place dans
notre histoire.

On y remarque, surtout, ce principe *constitutionnel* et *fondamental* que la formation de la loi
ne pouvait sortir que de la *volonté* du Roi et de
l'aveu des *deux sections* de son conseil, l'une en
permanence et l'autre revêtue des *fonctions judiciaires*.

Cette division des *deux sections* du *grand conseil
royal*, séparées l'une de l'autre pendant une grande
partie de l'année, entraînait des délais et des re-
tardemens dans les objets de législation qui exi-
geaient une prompte expédition.

Cet inconvénient se fit, surtout, sentir à *Philippe-
le-Bel*, au commencement du quatorzième siècle,
au sujet de ses démélés avec le Pape Boniface VIII.

L'état d'hostilité dans lequel ce monarque se

1791. trouvait avec le pontife lui rendant nécessaire la présence journalière des *deux sections*, il conçut l'idée de supprimer l'*ambulance* de la *section ju-diciaire*, et de la tenir toujours à sa portée en la fixant à Paris.

C'est ce qu'il effectua par sa fameuse ordonnance de 1302, époque du parlement rendu *sé-dentaire*.

Ce qui ne changea rien à l'état de cette section. Elle demeura, comme auparavant, partie essentielle du *conseil du Roi*, avec la seule différence qu'elle s'en trouva plus rapprochée.

Ce fut une simple affaire d'administration, qui n'exigea pas beaucoup de cérémonie ; car il ne s'agissait pas d'une nouvelle création jusqu'alors inconnue. Cette cour existait depuis plus de trois siècles ; elle était en plein exercice, le plus souvent au sein de Paris même.

Ses *attributions*, sa *compétence*, sa *composition*, ses *formes*, ses *instrumens*, ses *moyens*, son *style*, ses *usages* étaient de notoriété publique. Toute l'innovation se réduisait donc à rendre les *assises stationnaires* à Paris, de *mobiles* et *ambulatoires* qu'elles étaient auparavant ; ce qui ne valait pas la peine d'une longue explication.

Ainsi le *parlement*, sédentaire à Paris en 1302, resta ce qu'il était lorsqu'il se promenait de province en province. Il n'y eut d'autre changement

que celui du *repos* substitué au *mouvement*. Il 1791.
conserva sa jurisprudence, et continua de marcher sur son ancienne *allure*, sauf les règlemens
organiques commandés par la localité.

Les rapports de cette *section judiciaire* avec le
monarque, loin de souffrir quelque altération,
en devinrent plus intimes et plus fréquens par
la commodité du rapprochement et des commu-
nications.

Dans les premiers temps de la *sédentarité*, la
section judiciaire fut désignée indistinctement sous
le nom de *conseil du Roi*, *cour du Roi*, *parlement*, et l'on voit ces dénominations employées
dans une foule d'ordonnances postérieures.

Mais la dénomination de *parlement* prévalut ;
et c'est sous ce titre que cette *section* du conseil
du Roi jeta tant d'éclat pendant cinq siècles, et
fut connue chez l'étranger.

Les membres de la *section judiciaire*, dite *Parlement*, n'en continuèrent pas moins de faire partie intégrante du *grand conseil* ; et celui-ci continua de faire partie du *Parlement*. Ces deux portions formaient un *parlement national*, unies par
les mêmes droits et les mêmes prérogatives (1).

____

(1) Quand on voulait exprimer la portion du conseil
du Roi *extra-judiciaire*, on l'appelait *conseil privé*, *secret*

1791. Le *parlement*, c'est-à-dire la portion du conseil du Roi qui avait le département de la justice, éprouva, depuis sa fixation à Paris, quelques changemens dans sa composition.

Nous avons vu, par l'ordonnance de 1302, qu'il était formé d'un certain nombre de *hauts barons, seigneurs, prélats* et *juristes* distribués en plusieurs chambres.

Mais, sous *Philippe-le-Long*, les prélats en furent exclus sur le motif que l'administration de la justice, exigeant résidence, les détournait de leur devoirs spirituels, et ils furent remplacés par des *légistes* et *auditeurs* qui composaient les *enquêtes*.

Le Roi, pour mettre ces nouveaux magistrats au niveau des anciens membres de cette auguste cour, leur conféra le titre de *chevaliers*, dont ils prirent le costume, de manière qu'il n'y avait aucune différence entre les nouveaux et les anciens.

---

conseil, conseil étroit, chambre d'en-haut ; mais cette portion n'en était pas moins considérée comme un détachement du *parlement,* auquel elle avait droit de se réunir en certaines circonstances. Ses membres y avaient séance et voix délibérative.

D'un autre côté, il fallait pourvoir aux absences 1791. fréquentes des hauts barrons qui, dégoûtés des discussions de *droit* et de *pratique* auxquelles ils n'entendaient rien, appelés dans leurs grands fiefs pour leurs intérêts particuliers ou pour le service militaire, interrompaient l'expédition des affaires.

Le Roi prit le parti de les omettre dans le rôle du parlement qui se renouvelait chaque année, et de leur substituer des *juristes*.

Au bout de quelques années, à la suite de ces remplacemens successifs, il arriva que la *section judiciaire* se trouva composée de *légistes*, avec la liberté néanmoins aux grands barons, princes et pairs d'y venir siéger quand ils le jugeraient à propos.

Ce renouvellement de la *section judiciaire* n'emporta pas le moindre changement dans ses droits, ni dans ses attributions : elle continua, sous le nom de *parlement*, à former une *section* essentielle du *conseil du Roi*, associée nécessairement à la *formation de la loi*, et ses membres furent hautement qualifiés *féaux*, *conseillers du Roi*, *tenant son parlement à Paris*, sans aucune différence des *sections judiciaires* qui l'avait précédée. Ce fut le même *costume*, les même *droits*, les mêmes *prérogatives* : les individus étaient changés ; mais la magistrature était immuable. Les

1791.
Rois leur prodiguèrent les mêmes égards, et les étrangers la même considération.

Bien plus; leur supériorité en fait de *savoir* et d'*instruction* leur mérita une vénération toute particulière, qui engageait les plus grands princes de l'Europe à leur confier l'arbitrage de leurs plus chers intérêts.

Appelés par le choix du monarque à cette haute fonction de délibérer avec lui, le *parlement* se fit un devoir de manifester, en toute occasion, son dévouement à la gloire du trône et aux prérogatives royales ; mais en même temps ce sentiment n'altéra en rien son courage et son énergie à maintenir dans toute leur pureté les droits de la nation et les principes *constitutionnels*.

Conservateurs nés (par le devoir de leur charge) des lois fondamentales du royaume, ils portèrent la plus scrupuleuse exactitude à VÉRIFIER les *ordonnances*, édits et *lettres patentes* qui leur étaient adressés au nom du Roi par la *première section* du conseil.

Si l'ordonnance ne leur présentait rien que de légitime, on rendait un *arrêt d'homologation* qui en ordonnait l'*enregistrement*, la *publication* et l'*envoi* aux tribunaux ressortissans.

Si la loi exigeait quelque interprétation ou restriction, l'enregistrement n'avait lieu que sous les *amendemens* énoncés dans l'*enregistrement* 1791. même.

Si, enfin, la loi portait quelque atteinte à l'*ordre public*, aux *constitutions* du royaume, même aux intérêts de la *couronne*, elle était inexorablement rejetée.

On trouve des exemple de cette résistance à des époques rapprochées de la *sédentarité* du parlement sous Philippe de Valois en 1344, sous Charles VI en 1418, 1424, etc. (1).

Cette résistance n'avaient rien d'offensant pour l'autorité royale, et n'emportait aucun caractère de rébellion, puisque le parlement n'agissait pas, en cette occasion, comme *cour judiciaire*, mais bien comme partie intégrante du *grand conseil*, essentiellement associée à la formation de la loi, et jouissant, par conséquent, du droit de donner ou de refuser son adhésion.

Il y a plus; c'est que cette résistance faisait partie de ses devoirs (2) et de ses sermens, et lui

———————————————

(1) « Fuerunt presentatæ, in curiâ Parlamenti Pari-« siensis, per D. Martinum Episcopum atrebatensem, « anno Domini 1418, die 10 mense junii, *sed non ac-« ceptatæ* per eadem curiam. » (*Preuves des libertés de l'Église gallicane*, chap. 22, n. 13.)

(2) Les constitutions de l'État imposaient au parlement l'obligation de résister avec persévérance à une loi pro-

1791. était imposée toutes les fois qu'elle lui paraissait utile au bien de l'état, sans s'arrêter aux commandemens réitérés du Roi, ni aux lettres de jussion (1), et sans se laiser subjuguer par la crainte de déplaire au monarque.

Les Rois prenaient eux-mêmes des précautions contre les surprises faites à leur religion, en autorisant le parlement à refuser sa sanction aux lois qui blesseraient l'équité (2).

Par le refus de sa sanction, le parlement, bien loin de faire un acte de désobéissance à l'autorité

---

proposée au nom du Roi, quand elle lui paraîtrait contraire aux intérêts du peuple ou à la dignité de la couronne, ou bien de la modifier par des *amendemens.*

« Si forté, circà ea, aliquid emendandum fuerit, vel « addendum sit, studeatis efficere.

(*Ordonn. du Louvre*, t. 1. p. 299.)

(1) « Si quis autoritatem nostram subreptè contra lé- « gem elicuerit, fallendo principem... non valebit.

« Autoritates cum justitià et lege competentes habeant « stabilem firmitatem.

« A judicibus... répudiata, inanis habeatur et vacua. »

(*Capit. tom.* 1.)

(2) « Definitio injusta, regis jussu, metu regio or- « dinata non valeat. »

royale, donnait un témoignage de soumission et 1791.
de respect pour cette même autorité, puisque
son refus était fondé sur la supposition que l'édit
rejeté n'était pas véritablement la volonté du Roi :
Si contra legem factum est, non est voluntas nos-
tra, nec jussio.

C'était sous la foi de cette surveillance que la
nation accueillait (1) avec confiance les lois *véri-*
fiées en parlement.

Ce système législatif s'était naturalisé en France
d'autant plus aisément que le parlement était considéré comme l'*aréopage* des Athéniens, ayant
la *double fonction* de juger les affaires des particuliers et de coopérer à la législation.

Cette comparaison était même enseignée publiquement sans contradiction, au point qu'on
la retrouve dans un ouvrage de Budée, maître

---

(1) « Lorsque quelque ordonnance a été publiée et
« vérifiée en parlement, soudain le peuple français y
« adhère sans murmure, comme si cette compagnie fût
« le lien qui nouât l'obéissance des sujets aux comman-
« demens de leur prince; ce qui n'est pas de petite con-
« séquence pour la grandeur du Roi.... Par cette rai-
« son, les Rois ont toujours grandement respecté cette
« compagnie, encore que quelquefois son opinion ne se
« soit en tout et partout rendue conforme à celle des Roi.»

(PASQUIER, *Recherches*, liv. 2, chap. 6.)

1791. des requêtes sous François I.er, dédié au chancelier Gannay en 1535 (1).

D'autres comparaient le droit du parlement sur
la *vérification* des lois à l'influence du sénat de
Rome sur la vérification des *plébiscites*, lesquels
n'avaient de force exécutoire qu'autant qu'ils
étaient homologués par le sénat (2).

Quelques-uns, enfin, croyaient voir l'origine de
ce système législatif dans le droit romain du Bas-
Empire à l'époque de l'entrée des Francs dans les
Gaules.

En effet, à cette même époque, les empereurs
d'Occident assujettissaient leurs ordonnances à la
sanction du sénat pour les vérifier, les amender

____

(1) « Ut enim *Areopagitæ* criminibus primùm judi-
« candis regendisque Atheniensium moribus, ad rem
« tamen publicam administrandam interdùm advoca-
« bantur; sic curia hæc nostra, utrumque manus am
« plectitur, cùm opus est. » (BUDÉE, *in Annotat. in
Pandect.* p. 127.

(2) «Soliùs est Regis, in Galliâ, ordinationes, leges,
« edicta ei constitutionem facere... Sed ita tamen illæ
« vim, effectum et autoritatem supremam non habeant,
« vel saltem perpetuam, nisi primò fuerint à curia su-
« premà verificatæ ac publicatæ, ut veteres agebant
« Romani.» (*Stylus. Regn.*)

ou les rejeter (1). Or chacun sait que les Francs 1791. adoptèrent la législation romaine (2).

Néanmoins il arrivait quelquefois que les ministres et les membres du conseil du Roi, soit par amour-propre, soit par intérêt personnel, animaient le monarque contre la résistance du parlement, et quand le prince cédait à ces insinuations, on employait deux espèces de mesures :

D'abord, c'était l'envoi de *lettres* dites de *jus-*

----

(1) « Morem secutus, quo constitutiones principum, « ab ipsis in senatu latæ, ut à senatu probarentur et præs-« criberentur (*enregistrées*).

« Quam morem ad nostros veteres Francos transisse « haud dubitem, qui hunc honorem supremo senatui de-« tulerunt, ut nisi quod ab ipso probatum, promulgatum « et in nomo Philalium reconditum esset, æternæ et per-« petuæ vim legis non haberet. » (*Comment.* de Leconte sur l'*Edit* de 1556.)

Par sa novelle 82 Justinien défend à tous juges d'obéir aux lettres de jussion du prince quand elles paraîtraient contraires aux lois :

« Si contingat jussionem nostram, vel si pragmati-« cam sanctionem dicentem aliter. Nos volumus obti-« nere, quod nostræ volunt leges. »

(2) Voyez l'*Histoire de l'Entrée des Francs dans les Gaules* au quatorzième siècle.

sion (1), par lesquelles le Roi ordonne d'AUTO-
RITÉ *l'enregistrement* de l'édit, reconnaissant
par-là qu'il avait besoin de cette formalité pour
acquérir le caractère de loi (2).

Cette ressource de *lettres de jussion*, tant de
fois employée par la suite, nous paraît tout-à-fait
inconséquente, en ce qu'elle tendait à obtenir,
par *contrainte*, une adhésion qui, pour avoir
quelque force aux yeux du peuple, devait porter le caractère d'un *enregistrement libre*.

En second lieu, parce que c'était placer le
parlement dans la douloureuse alternative ou de
déplaire au monarque ou d'abandonner les intérêts de la nation, et par conséqueut les intérêts
du Roi lui-même, puisque les deux interêts sont
inséparables.

Quand le parlement était réduit à cette extrémité à la suite de plusieurs *lettres de jussion*, il
finissait par *enregistrer*; mais en même temps il
ne manquait pas d'énoncer dans l'arrêt d'enre-

---

(1) « Si rejiciatur quod optat princeps, tum instat
« ipse, jussionibus aut præsentiâ, ut quondam Romani
« domini. »

(2) « Nec enim vim ullam legis obtinent edicta prin-
« cipis, nisi senatus accesserit ultima, supremaque auc-
« toritas. »

gistrement que c'était par respect pour les *lettres* 1791.
de jussion et l'*exprès commandement du Roi* ;
précaution prise pour le mettre à couvert de re-
proche , et qui avait l'effet de frapper la loi d'un
caractère de réprobation (1).

L'autre mesure employée par le monarque ,
dans le cas d'une résistance prolongée , était de
venir en personne au parlement tenir un *lit de
justice* , avec l'appareil de la majesté royale et un
nombreux cortége des *grands officiers de la couronne , princes , pairs , et membres de son conseil.*

Là le chancelier exposait les motifs de la loi,
cherchait à la justifier , et le monarque , prenant
lui-même la parole, annonçait sa volonté su-
prême , et ordonnait l'enregistrement sous ses
yeux : ce qui était exécuté sur-le-champ par le
greffier.

---

(1) Un arrêt de 1427, en forme de règlement, avait déclaré qu'à l'avenir les enregistremens faits en vertu d'*ordres réitérés*, et sans égard aux *remontrances* , ne seraient
considérés que comme l'effet de la *force* et de la *contrainte.*

« Ea quæ, posthabitis summæ curiæ rationibus, principe
« iterùm et iterùm jubente , palàm recitantur atque in
« acta publica regeruntur, per *vim atque impulssionem.*

« Recitata , regestaque , estimari placuit. » (*XII
Kalend. decemb. M. CCCC. XXXVI.* Placita Lucii ,
lib. V, tit. IV.)

1791. Mais, après la retraite du Roi, le parlement ne manquait pas d'accompagner cet enregistrement de la mention de l'expresse volonté et de la présence du Roi (1).

Et cette modification, en révélant au public la *contrainte* de l'enregistrement, le frappait d'une nullité absolue qui neutralisait l'effet de la loi (2).

Tel était le régime parlementaire à l'avènement du Roi *Jean* au trône, le 23 août 1350.

---

(1) Præsentiâ Regis... Voyez, *suprà*, la note, p. 115.

(2) « Les édits et ordonnances de nos Rois doivent être « vérifiés et publiés en parlement.

« Autrement les sujets n'en sont liés ; et, quand la cour « ajoute à l'acte de publication qu'elle a été faite de l'*ex-* « *près commandement* du Roi, c'est une marque qu'elle « n'a pas trouvé l'edit raisonnable. »

(COQUILLE, *Introduct. au Droit français.*)

« Parum quippè est scriptas fuisse à principe, vanæ « erunt tamen, et habebit eas populus *pro non scriptis,* « nisi judicio tanti ordinis receptæ, probatæque fuerint ; « nequè unquam propterea committuntur typis publicis « nisi probatæ anteà confirmatæque à senatu. » (*Monar.*)

« Ces expressions : De *expresso mandato*, de *expres-* « *sissimo mandato*, et quelquefois *multis vicibus iterato*, « qui se trouvent souvent ès registres des cours souve- « raines sur la publication des édits, ont telle consé- « quence que tels édits et priviléges ne sont gardés ou « bientôt après oubliés et délaissés. »

(BODIN , *ibid.*, liv. 3, chap. 4.)

Altier, impétueux dans ses volontés, ennemi
de tout ce qui pouvait gêner ses mouvemens, et
grand partisan du pouvoir *arbitraire*, ces dispositions devaient naturellement lui rendre insup-
portable l'assujétissement politique qu'il rencon-
trait, et lui suggérer l'idée de s'en affranchir.

Il en trouvait même une occasion toute naturelle dans la formalité de la *confirmation* que le
parlement devait prendre à chaque règne. C'était
bien là sans doute le moment de faire au *parlement* sa part d'autorité dans la confection des
lois, fixer la nature de la *vérification* et les formes
de l'*enregistrement*.

Cette réformation pouvait même, jusqu'à un certain point, prendre une apparence de justice, sur
le motif que cette association à l'autorité législative datait du temps où le parlement, composé de
la plus haute noblesse et des pairs du royaume,
formait une *représentation nationale;* mais que
la retraite de la noblesse ayant livré le parlement
à de *simples légistes*, il ne convenait pas à ceux-
ci de revendiquer par subrogation les droits de
leurs prédécesseurs; que ce n'était donc pas leur
faire une injustice que de le réduire à l'état de
cour judiciaire et à la qualité de magistrats, condition assez honorable sans y joindre encore le
droit de se mêler de l'administration.

Mais JEAN, quelque disposé qu'il fût par carac-

1791. tère à embrasser un pareille systême, n'osa pas le hasarder.

Le parlement était déjà trop grand pour être ébranlé sans secousse; et, dans une lutte de cette nature, le succès même était dangereux pour l'autorité royale.

En effet, qu'aurait gagné l'autorité royale à se dégager des entraves parlementaires ? N'aurait-il pas fallu les remplacer par une autre *institution intermédiaire*, servant de *contre-poids*, ainsi qu'il avait toujours été pratiqué *constitutionnellement*, faisant l'office de représentation nationale, *ex constitutione regis et consensu populi ?* Ce n'était donc qu'un échange maladroit : *uno avulso, non deficit alter;* et, tout bien considéré, il y avait moins de risques à laisser cette *compétence* à un corps instruit, dépositaire des lois et des traditions, qu'à la transporter sur toute autre corporation.

Voilà pourquoi JEAN prit le parti de suivre l'exemple de ses prédécesseurs, et de se soumettre à l'ordre établi.

Bien loin, même, de chercher à dépouiller le parlement de son importance *politique,* il affecta de le relever aux yeux de la nation et de renforcer ses priviléges et prérogatives.

Par une ordonnance expresse, ce monarque reconnaît dans le parlement un corps *essentiellement* et *constitutivement* établi pour « pourvoir

« aux affaires du royaume , représentant en cela 1791.
« sa propre personne (1). »

Dans une ordonnance du 7 *avril* 1551 relative
à une augmentation des *gages du parlement*, le
même Roi le comble de témoignages de considération. Il s'épuise en éloges sur le désintéressement
et la modestie du parlement , qui a bien voulu se
contenter d'un modique traitement, en disproportion
tion avec l'importance des fonctions qu'il remplissait dans l'état (2).

Le monarque ajoute « qu'il est de toute justice
« de chercher à améliorer la condition de citoyens
« qui, par leur profond savoir et leur intégrité, ont
« mérité d'être appelés, par la voie de l'élection,
« à *l'honneur insigne de composer le parlement*

---

(1) « Pro expeditione totius reipublicæ et regni nostri
« negotiorum , in hoc personam nostram represen-
« tant. »

(2) « Stipendiorum solitorum ex quibus moderata sin-
« ceritas hactenus est contenta. » (*Ordonn. du Louvre*,
tom. 3, pag. 482.)

Sans doute, on ne trouvera pas étrange que le parlement reçût des gages de la main du Roi, et l'on ne pré-
tendra pas que c'était ravaler ses hautes fonctions. N'avons-
nous pas vu , de nos jours , des législateurs se faire payer
à *tant par jour*, en se servant de leur toute - puissance
pour taxer eux-mêmes leur *salaire* ?

« *universel* (1), et de diriger le gouvernail de la
« justice du royaume, étant en cela placés à la
« hauteur de la majesté royale. »

Le monarque, voulant protéger les jouissances
d'un corps aussi intéressant, décharge de *tous
droit de péage et d'entrée* les *comestibles* destinés à
l'approvisionnement de leur maison. Il interdit à
tous douaniers et *percepteurs* de les troubler dans
leur route. Cette défense est conçue en des termes énergiques, qui décèlent qu'il ne s'agissait
pas d'une simple *autorité judiciaire*.

« N'ayez pas, leur dit-il, sous peine d'encourir
« notre indignation (2), la témérité de contrarier
« cette défense par un *attentat* téméraire sur les
« provisions qui leur sont destinées (3), et s'il se
« trouvait quelqu'un des vôtres assez frappé de
« *démence* (4) jusqu'à enfreindre cette défense,
« sachez qu'il serait chassé de son emploi, sans

---

(1) « Qui, propter scientiæ claritatem et veritatis amo-
« rem, electi sunt ad honorem nostri parlamenti uni-
« versalis. »

(2) « Sub pœnâ indignationis nostræ. »

(3) « Temerariis ausibus. »

(4) « Quod si vestrûm quis, in tantam raptus amen-
« tiam fuerit repertus, ut hujus mandati nostri prevari-
« cator fiat. »

« préjudice d'un *châtiment* exemplaire qui pour-   1791.
« rait suivre son crime (1). »

Or, quand le Roi professait une si haute estime pour le parlement, et l'offrait à la nation
sous un aspect aussi favorable, il n'entendait pas
parler des *hauts barons*, *prélats* et *seigneurs*
assemblés en parlement par de droit de leur naissance et de leurs dignités, mais bien de la réunion de savans *légistes*, distingués par leurs lumières et leurs études. C'est ce parlement-là qui
était investi du droit de coopérer à la législation,
avec la faculté de *vérifier les édits et les ordon-*
nances, de les *modifier et corriger*, et même de
refuser tout-à-fait l'enregistrement.

Cette considération peut seule expliquer les
pompeuses expressions du Roi, qui auraient été
absurdes et inintelligibles, si l'on n'eût vu dans
le parlement qu'une *juridiction contentieuse*.

Aussi trouve-t-on, sous ce règne, plusieurs
ordonnances, même en matière d'administration,
enregistrées avec mention qu'elles ont été *corri-*
gées au parlement (2).

---

(1) « Nihilóminus, pœnis trucibus, noverit se punien-
« dum. » (*Ordonn.* du 16 novembre 1363.

(2) En 1361, on voit deux *ordonnances* du même Roi,
enregistrées au parlement avec cette modification, *vue*,
corrigée et lue en parlement. (*Ord. du Louvre*, t. 2, p. 280.)

    Cette puissante influence ne perdit rien de sa force sous le règne de son successeur (Charles V).

Au contraire, ce monarque considéra toujours le parlement comme le plus sûr appui de son autorité, et, bien loin de s'offenser des contradictions qu'il put en éprouver, il sut les encourager, comme un moyen de s'éclairer et de se prémunir contre les surprises.

Dès le temps de la régence (en 1359, il avait manifesté cette disposition, en imposant au parlement l'obligation de résister à ses *ordonnances, édits et lettres patentes ou closes*, et même à *tout ordre donné verbalement,* s'il jugeait que ces lettres fussent en opposition avec les lois du royaume.

Durant les vingt premières années du règne de Charles VI, ces principes furent maintenus avec le même succès, et l'autorité parlementaire atteignit, sans contradiction, la clôture du quatorzième siècle.

Personne n'ignore les agitations convulsives qui signalèrent la première moitié du quinzième siècle.

Cette malheureuse époque fournissait bien des occasions et bien des moyens de dénaturer le *caractère politique* du parlement, pour ne lui laisser que celui de *cour judiciaire.*

Mais ce caractère était si fortement imprimé

qu'il se maintint au milieu des plus terribles se- 1791.
cousses.

D'abord, c'est dans les premières années de ce demi-siècle que le parlement devint *perpétuel* d'*annuel* qu'il était, et se vit affranchi de la formalité de *lettres confirmatives* au retour périodique de la *Toussaints;* avantage bien important, qui le rattachait au trône d'une manière plus solide et plus solennelle, en le mettant à couvert des intrigues de cour.

Lorsque l'autorité royale devint la proie des *factions*, chacune d'elles porta ses premiers efforts à s'assurer d'un *parlement* à sa dévotion et placé auprès d'elle.

Le *Dauphin* voulut en avoir un à *Poitiers.*

Isabelle de Bavière plaça le sien à *Troyes.*

Le duc de Bourgogne et le gouvernement anglais formèrent leur parlement à *Paris.*

Il n'y eut que le Roi qui n'en eut pas, parce que, dans son état de *démence*, il adoptait celui de la faction dominante.

Chacune de ces diveres *factions*, au moment où elle l'emportait, débutait par la proscription, l'exil ou le massacre des deux autres *soi-disant* parlemens. (Voyez l'*Histoire des Avocats* , t. 2.)

Cet acharnemeat de la part de chaque *faction* serait inexplicable si le parlement n'eût été que *cour judictaire.*

1791. Meis ce n'était pas sous ce rapport qu'il devenait un objet de haine ; c'était comme *corps politique* investi du pouvoir de consolider la loi et d'en assurer l'exécution ; c'était le cachet de l'état, que chacune des factions se disputait, en se le ravissant tour‑à‑tour au gré de la fortune ; et cela est si vrai qu'on voyait la faction dominante faire révoquer certaines ordonnances publiées sous l'influence de la faction vaincue, sur le motif du défaut d'*enregistrement libre.*

On voit un exemple de cette singularité dans une ordonnance de Charles VI, du 5 septembre 1413, qui *casse et révoque, annulle et abolit certaines lettres appelées* ÉDITS, rendues *les formes non gardées, et sans avoir été avisées par la cour de parlement ;* formalité, ajoute le monarque, nécessaire, suivant les lois du royaume, pour leur donner force de loi. (*Ordonn. du Louvre,* tom. 10, pag. 171.)

Peut-être paraîtra-il étrange qu'un parlement de la faction d'Armagnac ou de Bourgogne, et dévoué par conséquent à la volonté du parti qui l'avait formé, se refusât à l'enregistrement de quelque ordonnance ; mais il faut savoir que les parlemens de *circonstance* n'étaient pas aussi dociles qu'on pourrait le supposer.

Aussitôt qu'ils étaient constitués, ou par une

main ou par une autre , ils étaient saisis de l'*es-prit de corps* , qui les rendait intraitables sur l'article de l'enregistrement.

Voilà ce qui explique l'importance que les *factions* attachaient à la formalité de l'*enregistrement.*

Lorsque le traité de Troyes du 20 mai 1320 eut transféré la couronne de France sur la tête de Henri V d'Angleterre , le nouveau roi n'eut de confiance dans ce traité qu'autant qu'il serait *enregistré au parlement ;* formalité dont le duc de Bourgogne se croyait assuré de la part d'un parlement formé de sa main.

Le gouvernement anglais , pendant les quinze années qu'il occupa une partie de la France, n'eut garde d'omettre la formalité de la *vérification* et de l'*enregistrement ;* et , pour se préparer plus de facilité à l'obtenir , le duc de Bourgogne eut soin de remplir les places vacantes par des sujets à sa dévotion , et c'est à cette occasion que l'*élection* éprouva quelque atteinte.

Cependant le *parlement bourguignon* à peine installé , étant requis de procéder à l'enregistrement de lettres patentes adressées sous le nom du Roi, les rejeta comme subreptices (1).

------

(1) 10 *juin* 1418. — « Fuerunt presentatæ in curiâ par-« lamenti regii Parisiensis, sed non *acceptatæ* per eam-« *dem curiam.* »

1791. Le parlement de *Poitiers* en faisait autant vis-à-vis du Dauphin (depuis Charles VII), en refusant d'enregistrer certaines lettres patentes qui blessaient les lois du royaume.

Lorsque Charles VII fut rétabli sur le trône en 1436, obsédé sans relâche par des courtisans qui cherchaient à dévorer la substance de l'État, il eut la faiblesse d'essayer la voie de l'*enregistrement forcé* et des *lettres de jussion.*

Il s'agissait de *lettres patentes* portant concession à l'évêque de *Mende* de quelques priviléges, au préjudice des droits du Roi.

Sur le refus du parlement d'*enregistrer*, le Roi manda plusieurs fois le procureur-général, et lui déclara verbalement que sa volonté était d'obtenir l'*enregistrement.*

Le parlement, qui avait reçu tant de marques de la protection royale, ne crut pas devoir prolonger sa résistance ; mais il accompagna l'enregistrement du correctif : *Sur l'exprès commandement du Roi, réitéré plusieurs fois :*

Lecta, publicata Parissiis in parlamento, de præcepto imperativo.

Le même monarque ayant, en 1442, envoyé au parlement une concession de privilége en faveur du comte du *Maine,* que le parlement regarda comme abusive, elle fut d'abord rejetée, et ensuite enregistrée *de expresso mandato.*

Le Dauphin Louis (depuis Louis XI), qui 1791. connaissait fort bien les conséquences d'un pareil enregistrement, exigea du parlement d'effacer cette énonciation de l'enregistrement, sur le motif que ce serait en détruire l'effet, « déclarant qu'il « avait commission du Roi de ne pas sortir de « Paris qu'il n'eût vu cette radiation exécutée. »

Le parlement, cédant à des ordres aussi absolus, raya la *modification* sur l'acte de concession, mais de manière qu'on pût la lire aisément, au besoin.

S'il y avait un monarque redoutable pour la prérogative du parlement, c'était sans doute *Louis XI,* prince impérieux et jaloux de l'autorité arbitraire.

Ayant trouvé établie la maxime qu'en France un acte législatif émané de l'autorité royale n'avait d'effet exécutoire qu'*après un enregistrement délibéré en parlement,* Louis n'osa pas l'enfreindre solennellement, et il se borna à lui faire brèche, le plus qu'il pourrait, par des attaques clandestines.

Mais toutes les fois que l'occasion se présenta de lutter publiquement, son courage l'abandonna, et lui-même il affecta de la résignation, à cet établissement, en lui reconnaissant le caractère d'une *loi fondamentale* : il en fit l'aveu au duc *Charles* de Bourgogne après la signature du traité de Péronne :

« Qu'il désirait aller à Paris *faire publier* leur
« appointement *en la cour du parlement*, pour
« ce que c'est la coustume de France de publier
« tous accords, ou autrement *seraient de nulle*
« *valeur.* » (*Philip. de Commines*, t. 2, ch. 14.)

En plusieurs occasions il éprouva la même résistance du parlement à l'enregistrement de ses édits. La plus marquante dans son histoire eut lieu au sujet de la révocation de la *pragmatique sanction*, dont les détails se trouvent dans l'*Histoire des Avocats*, Tom. II, pag. 170.

Enfin n'oublions pas que c'est à ce prince que le parlement dut l'ordonnance de 1467, qui consacra l'*inamovibilité* de ses membres (1).

Le règne de son successeur (Charles VIII) offre plus d'un exemple d'*édits* et de *lettres patentes* rejetées ou modifiées au parlement.

Il fallait que l'autorité du parlement fût d'un grand poids en *matière politique*, vers la fin du quinzième siècle, puisque le premier prince du

____

(1) Voyez l'anecdote rapportée par Bouchel, *Verb.*, *Loix*.

sang, le duc d'Orléans (depuis Louis XII), 1791. cherchait à s'en faire un appui dans la révolution qu'il projetait. (Voyez *ibid.*)

Aurait-il agi ainsi, s'il n'eût considéré le parlement que comme une *cour judiciaire* tout-à-fait étrangère à l'administration politique ?

Enfin, jusqu'au dernier moment de cette période, nous voyons proclamer la doctrine de l'enregistrement *obligé* pour la confection des lois.

L'avocat-général *Le Maître*, en 1499, parlant au Roi (Louis XII), en *lit de justice*, lui disait : « Que les lois, pour être exécutoires, devaient « recevoir dans le parlement leur *dernière forme.* »

Durant tout le règne de ce prince il n'y eut aucune atteinte portée à ce principe regardé généralement comme *constitutionnel et fondamental,* enseigné dans les écoles, proclamé dans les tribunaux, et rangé au nombre des premiers élémens du *droit français.*

Cette *puissance intermédiaire,* placée entre le *Roi* et la *nation* pour servir d'équilibre, loin d'énerver l'autorité royale, en était le plus solide appui, parce qu'elle fournissait au peuple une garantie qui le disposait à recevoir sans méfiance une nouvelle loi.

Aussi Louis XII, non plus que les Rois ses prédécesseurs, n'avait-il pas songé à se rédimer de cette formalité qu'ils avaient eux-mêmes par-

1791.

tagée et renforcée, n'étant pas fâchés d'échapper par-là aux intrigues de cour, et d'avoir sous la main un moyen de rendre illusoires des *ordonnances*, *édits* et *lettres patentes* arrachés par importunité.

Ce monarque éprouva bientôt lui-même l'effet de ce contre-poids politique.

En parvenant à la couronne, il possédait les comtés et seigneuries de *Blois*, *Dunois*, *Coucy* et *Soissons*, du chef de *Valentine de Milan*, son aïeule.

Désirant conserver ces propriétés à ses deux filles, *Claude* et *Renée* de France, il envoya au parlement des lettres patentes (septembre 1509) portant la déclaration « qu'il n'entendait pas que « les comtés et seigneuries de *Blois*, *Dunois* « *Soissons* et *Coucy* fussent réunis au domaine « de la couronne, mais qu'il voulait qu'ils de- « meurassent en leur première condition privée, « comme héritage *maternel* et *féminin* de la mai- « son d'Orléans, aliénable et transitoire à tous « les héritiers du même nom et ligne. »

Mais le parlement rejeta ces lettres patentes comme contraires à la constitution du royaume, qui emportait de *droit* la réunion au domaine de la couronne de biens appartenans au monarque, sans qu'il lui fût permis d'en rien distraire.

Le Roi eut recours au palliatif banal d'un

enregistrement D'EXPRÈS *commandement*, qui de- 1791.
meura sans effet, et fut considéré comme non
avenu.

Si François I.er, étant parvenu à la couronne,
eut la jouissance de ces domaines, ce ne fut pas
comme mari de *Claude* de France, mais bien
comme *Roi*, et comme se trouvant attachés au
domaine public. Les Rois ses successeurs les ont
possédés au même titre, sans que *Renée* de
France, sœur de la Reine, mariée au duc de
Ferrare, ait fait aucune réclamation de ces biens
en vertu des lettres patentes de 1509.

François I.er, jeune, impétueux, ne doutant
de rien, livré aux maîtresses et à ses favoris, in-
digné de trouver un obstacle à ses volontés et à
ses profusions, fut le premier des enfans de Saint
Louis qui osât porter la main sur un organisme
consacré par *trois siècles* de succès.

Ce fut au retour de sa première campagne
d'Italie que sa mauvaise humeur éclata, au sujet
de l'enregistrement du *concordat* avec le Pape
Léon X.

A l'époque où le *concordat* fut consenti entre
ces deux princes, il formait une contravention à
la *pragmatique sanction* de 1438 ; loi révérée
dans l'État et dans l'Église, et qui avait pris le
caractère de *loi constitutionnelle et fondamentale.*

L'opinion publique ne vit dans ce traité (ou-

1791. vrage d'un chancelier immoral), qu'un marché scandaleux pour se vendre respectivement ce qui ne leur appartenait pas, et pour fournir au jeune Roi et à ses créatures la ressource d'un trafic honteux d'*évéchés*, d'*abbayes* et des principaux bénéfices de France.

Le Pape, qui prévoyait le soulèvement que cette opération produirait en France, avait eu la précaution de stipuler pour condition, *sinè quâ non*, que, sous *six mois*, le traité lui serait représenté revêtu de l'*enregistrement* du parlement de Paris; car les puissances étrangères considéraient l'*enregistrement* du parlement comme le complément de la loi, et nécessaire à son exécution.

Le jeune monarque subit cette condition dont il ne sentait pas la conséquence.

Tout radieux de l'éclat de sa victoire de *Marignan*, il ne s'imagina pas que cet *enregistrement* pût faire la moindre difficulté, ni qu'un vainqueur couvert de lauriers eût à craindre quelque résistance à ses volontés.

Mais il en fut autrement, et l'on peut voir dans l'*Histoire des Avocats* (Tom. II, pag. 257), les détails de la violente lutte qui s'éleva à ce sujet entre la *cour* et le *parlement*.

Epouvanté de se voir exposé à l'impuissance de tenir la parole qu'il avait donnée au Pape (de

lui représenter sous six mois le concordat *enre-* 1791.
gistré), rejeté bien loin du système de pure
volonté dont il s'était bercé, le monarque s'é-
puisa en menaces, en injures, et même se livra
à de mauvais traitemens, indignes de la majesté
du trône (1).

Il est vrai que le parlement finit par l'*enregis-*
trer pour sauver la parole du Roi, mais avec la
clause d'*exprès commandement*; ce qui frappait le
concordat du sceau de la réprobation, et le rendait
inhabile à figurer au parlement et dans tous les
tribunaux de son ressort sous le caractère de
loi (2).

François I.er apprit, par cet exemple, que la
puissance *absolue* était, en France, modifiée par
le pouvoir *constitutionnel*, au-delà duquel la puissance *absolue* s'évanouissait ou devenait usurpation.

Depuis il tira parti de cette circonstance, pour
se soustraire à l'exécution du traité de *Madrid*

---

(1) Il avait fait menacer le parlement de mettre le feu
au Palais de Justice, et de prendre pour cela le temps où
les chambres seraient assemblées.

(2) Cette persévérance du parlement à laisser de côté
le *concordat* sans le prendre pour base de ses arrêts, dé-
termina le Roi à lui retirer les matières de cette nature,
pour en attribuer la connaissance au *grand conseil.*

1791. de 1525, et de celui de Cambrai du 5 août 1529.

Ces deux traités portaient la clause expresse
« que le Roi les ferait *entériner, vérifier et enre-*
« *gistrer* en la cour de parlement de Paris et autres
« des parlemens du royaume, et qu'à cet effet il
« constituerait procureur, avec pouvoir spécial
« et irrévocable, pour conparoir en son nom dans
« lesdites cours de parlement, et pour consentir
« à l'entérinement susdit, et se soumettre volon-
« tairement à l'observance desdits traités, et faire
« décréter ces consentemens par un arrêt qui
« en ordonnerait l'exécution. (1) »

Conformément à cette clause, François I.er fit
expédier, le 20 octobre 1529, des lettres de ratification des *deux traités*, et, par des lettres patentes du 8 novembre, il donna pouvoir à son
procureur-général du parlement de Paris « de
« comparaître en son nom pour consacrer l'exé-
« cution des clauses des traités. »

Comme ces *traités* emportaient l'aliénation de
portions domaniales (une partie de la Flandre et
de la Bourgogne), les mêmes lettres patentes
« *relevaient* le procureur-général des sermens
« qu'il avait faits de ne souffrir aucune aliénation
« du domaine et des droits de la couronne. »

____

(1) Recueil des Traités de Paix, par *Lienard*, tom. 2,
pag. 225 et 366.

Mais le procureur-général (*Rogier*) ne se tint pas pour *relevé*, par la seule *autorité royale*, de ses sermens, ni des devoirs de sa charge, et voici comment il s'y prit.

Il comparut au parlement le 16 novembre, et, « *pour obéir aux commandemens réitérés du*
« *Roi*, il déclara qu'il était contraint d'assister à
« la publication des lettres de ratification et d'en
« consentir l'enregitrement. Toutefois il PROTESTA
« quelque *lecture*, *publication*, *vérification*, *ap-*
« *probation*, *enregistrement*, *entérinement*, *expé-*
« *dition* qui fût faite par ladite cour sur lesdites
« lettres de vérification des *traités* et *condamna-*
« *tion* contre le Roi, cela ne pourrait nuire ni
« préjudicier au Roi ni au royaume, et que ee
« serait sans *déroger aucunement aux droits du*
« *Roi et de sa couronne*, et que, nonobstant l'as-
« sistance de lui procureur-général à la lecture et
« publication, son consentement à l'entérine-
« ment, sa volontaire soumission à la condam-
« nation contre le Roi, il entendait, ci-après et
« en temps opportun, débattre iceux traités d'in-
« civilité et de nullité, et iceux, ensemble ce qui
« s'ensuivra, faire casser comme nuls, fraudu-
« leux, faits sans cause, par force et contrainte
« du vassal contre son souverain seigneur, et
« *comme dérogeant à la loi salique et autres cons-*
« *titutions et droits de la couronne de France*,

1791. « et pour les autres causes et raisons qui seraient
« par lui plus amplement déduites quand le temps
« s'y offrirait *pour le bien du Roi et du royaume.* »
(*Max. du Droit publ. franç.*, Tom. IV, pag. 166.)

François I.er, mûri par l'âge, sentit tous les
avantages de ce principe tutélaire qui assujétis-
sait la loi à la sanction des cours parlementaires,
et, sur la fin de sa carrière, il fut le premier à lui
rendre hommage en révoquant plusieurs édits,
par cela seul qu'ils n'avaient pas été enregistrés
librement. (Voyez *Histoire des Avocats*, Tom. II,
pag. 278.)

Son fils Henri II professa les mêmes principes,
et, malgré les entreprises de Catherine de Médicis, cette doctrine *constitutionnelle* conserva, sous
le règne de ses trois enfans, toute son autorité au
milieu des plus grands troubles de l'Etat.

C'est sur ce défaut d'*enregistrement* libre que
Charles IX réclamait du duc de Savoie le *comté
de Nice* et du *Piémont*, qui lui avaient été abandonnés par lettres patentes de François I.er en
1523.

Comme le duc de Savoie se faisait un titre de
ces *lettres patentes*, Charles IX répondait « que,
« quoique ces lettres patentes eussent été adres-
« sées au parlement de Provence, ce néanmoins
« il n'y en avait eu aucune *vérification*, ce qui
« toutefois est requis et nécessaire par les ordon-

« nances et usances du royaume, et partant les- **1791.**
« dites lettres demeurent *sans effet aucun, tant*
« *qu'elles ne soient vérifiées.* »

En 1561, Charles IX, ayant conçu le projet de révoquer le *concordat* de François I.er, envoya à Rome le président *du Perrier,* pour faire part au Pape de cette intention.

Comme ce système contrariait les vues de la cour de Rome, les instructions données par Charles IX à son ambassadeur, portaient qu'il remontrerait au Pape « que l'effet du *concordat*
« était expiré avec François I.er.

« Que ce *concordat* n'était pas une loi du royau-
« me, n'ayant pas été enregistré librement ès
« cours de parlement, mais par *impulsion grande*
« *et comme par contrainte.* »

L'ambassadeur, dans le discours prononcé devant le Pape, prit pour base cette maxime inviolable dans le royaume : «Que toute loi quel-
« conque émanée de la volonté du Roi, n'a de
« force en France qu'après avoir été *vérifiée et*
« *enregistrée librement au parlement ;* et que le
« *concordat,* n'étant pas revêtu de cette condition,
« n'était pas *obligatoire* (1). »

---

(1) « Nec esse existimandum, de more, *recepta et pu-*
« *blicata concordata.*

« Nam *moribus nostris,* et *regum christianorum anti-*

1791. Or, remarquez bien ici que c'est un Roi de France qui fait un pareil aveu, qui proclame ce principe *constitutionnel*, qu'une loi émanée du Roi ne devient *obligatoire* qu'autant qu'elle est fortifiée d'un enregistrement libre et sans contrainte.

Henri III, aiguillonné par sa mère et ses *mignons*, essaya plusieurs fois de se soustraire à cet assujettissement qui mettait des bornes à leur cupidité; mais le parlement tint ferme, et, malgré les menaces du monarque, il ne cessa de se montrer digne défenseur des *principes constitutionnels*.

En 1577, les trois Etats, assemblés à Blois sous l'autorité et le commandement du Roi (Henri III), envoyèrent vers le Roi de Navarre trois députés pris, chacun, dans l'un des trois ordres, et chargés d'*instructions*, dans lesquelles on trouve ce passage.

« Bien que la puissance du Roi est très-grande,
« comme un très-puissant monarque, si est ce

« *quis constitutionibus*, in hunc usque diem, religiosè
« observatis, nihil in Gallià publicè quod ad sacras vel
« humanas res pertinet, *pro lege statuitur*, quod non sit
« parlamenti arresto, publicandum. »
    (*Preuves des Libertés gallicanes*, chap. 22, N.º 34.)

« que les Rois se sont soumis de ne point faire ni
« ordonner, pour le règlement du royaume,
« qu'autant qu'il serait selon la raison et les lois
« d'icelui : d'où vient qu'il faut que tous édits
« soient *vérifiés* et comme *contrôlés ès cours* de
« *parlement, devant qu'ils obligent à y obéir.*

- « Lesquelles *cours*, combien qu'elles ne soient
« qu'une forme des *trois États raccourcie au petit
« pied,* ont *pouvoir* de *suspendre, modifier* et re-
« *fuser lesdits édits* (1). »

Dans le cours de ces mêmes États, on les voit
reconnaître l'autorité politique des cours de parlement, et se plaindre de la violence que la cour
leur faisait éprouver pour l'enregistrement, « à
« l'aide de *cammandemens du Roi* plusieurs fois
« réitérés, lesquels ne sont jamais nécessaires
« quand les *édits sont justes et bons.* »

A la suite des mêmes états, et sur leurs *plaintes,
doléances* et *remontrances,* il intervint, comme
chacun sait, une ORDONNANCE dite de *Blois*
(quoique faite à Paris).

Cette ordonnance ne fut enregistrée au parlement qu'après plusieurs délibérations et restric-
tions.

Or, l'article 207 ordonne la confection d'un

____

(1) Mémoires du duc de Nevers, tom. Ier.

1791. *Code* formé des seules lois qui sont usitées, et rédigé par un certain nombre de jurisconsultes commis à cet effet, et le motif de cette révision mérite attention :

« C'est (dit l'article 207) parce que *plusieurs*
« *ordonnances des Rois* nos prédécesseurs ont été
« révoquées et abrogées, que beaucoup d'autres
« ne s'observent pas, *faute d'avoir été enregis-*
« *trées*, et parce qu'elles sont accompagnées de
« certaines *modifications contenues en leurs re-*
« *gistres et inconnues à nos sujets.* »

Ainsi cette ordonnance consacre en principe, que les édits et ordonnances ne s'observent pas *faute d'enregistrement*, et que les modifications apposées à l'enregistrement *se confondent avec la loi.*

Nombre de fois Catherine *de Médicis*, pour soumettre plus facilement la France aux entreprises de la cour de Rome et aux vues ambitieuses des Princes lorrains, essaya, sous le nom de ses fils, de restreindre l'autorité du parlement dans le cercle des *affaires judiciaires*, et de le réduire à la condition d'un *tribunal contentieux* ; mais l'énergique résistance du parlement déjoua toujours l'astuce de cette étrangère.

« Cette *garde immortelle* (le parlement), dit
« Mézeray, qui veille toujours avec *cent yeux*
« pour la majesté de l'État, obvia sagement à

« plusieurs autres entreprises d'autant plus dan-
« gereuses qu'elles étaient comme imperceptibles,
« et qu'elles tendaient à y faire brèche sourde. »

C'est dans le cours de ce siècle qu'on trouve la proclamation la plus solennelle du concours du parlement à la formation de la loi par la voie de *l'enregistrement libre.*

Cette conviction était commune aux personnages qui, par leur état ou leurs liaisons avec la cour, auraient eu quelque intérêt à méconnaître ou à combattre l'autorité du parlement.

Tel était, par exemple, *Michel de Castelnau,* grand seigneur de la cour de Henri II et de Catherine de Médicis, militaire distingué, auquel il aurait été permis de méconnaître les droits et les fonctions publiques du parlement. Voici néanmoins comment il s'explique sur cette matière :

En parlant du parlement de Paris comme d'un *sénat révéré dans toute la France,* il ajoute :
« que sa conduite sert de modèle aux *sept autres*
« *parlemens,* lesquels, par cette raison, sont
« comme huit colonnes fortes et puissantes de
« tous les états sur lesquels cette grande monar-
« chie est appuyée, *les édits ordinaires n'ayant*
« *pas de force et n'étant approuvés des autres*
« *magistrats, s'ils ne sont reçus et approuvés ès*
« *dits parlemens, qui est une règle d'état, par*

1791.

« *le moyen de laquelle le Roi ne pourrait, quand*
« *il le voudrait, faire des lois injustes, que bien-*
« *tôt après elles ne fussent rejetées.* »

(*Collect. des Mém.*, tom. 41, pag. 195.)

Pierre *de Granel*, dans son *Style royal de Bresse*,
considère, comme deux attributs de la *constitution
française* et comme *lois fondamentales* :

1.º Que le Roi *seul* est investi de la puissance
législative (1) ;

2.º que l'exercice de cette puissance est mo-
difié par la nécessité de la *vérification des cours* (2),
vérification dont dépendent la force et l'exécution.

Nous avons vu, *suprà*, *Budée*, maître des
requêtes, dans un ouvrage imprimé en 1535,
rendre hommage au même principe sur les effets de *l'enregistrement libre* ; témoignage d'autant plus imposant que, par la nature de son
emploi, il était intéressé à réduire les prérogatives
du parlement.

---

(1) « Soliùs regis est, in Galliâ, ordinationes, leges,
« edicta et constitutiones facere. »

(2) « Sed ita tamen ut illæ vim, effectum et autorita-
« tem supremam non habeant, vel saltem perpetuam,
« nisi primò fuerint à curiis supremis *verificatæ* at *publi-*
« *catæ.* » (*Stylus regius Salutianorum.*)

Ce fut à la même époque que parut un *Traité* 1791.
du Droit public français, avec permission du Roi,
où l'on trouve attesté, comme principe *constitu-*
tionnel, « qu'en France on n'a aucun égard aux
« lois publiées par le prince, à moins qu'elles
« n'aient été enregistrées au parlement (1). »

Anne *Robert* établit en principe que nos Rois
se sont de tout temps soumis à ne publier aucune
loi qu'après son enregistrement libre au parlement et son *approbation* (2).

Grimaudet, qui écrivait en 1590, s'exprime
avec plus d'énergie encore :

« Lorsque les édits sont envoyés à la cour à
« laquelle est *commandé de vérifier et publier*,
« tel *commandement* n'est de pur fait pour la pu-
« blication, mais est aussi pour l'*autorisation* des
« édits, à ce qu'ils paraissent être *faits et vé-*
« *rifiés avec le conseil légal du Roi et du royaume :*
« ce qui donne grande autorité aux ordonnances,
« et rend les sujets plus faciles à obéir ; car l'or-

____

(1) « Curiæ supremæ tanta est apud Francos autoritas,
« ut reges velint in ejus acta referri omnia ad rem pu-
« blicam pertinentia, *quorum nulla ratio priùs habetur,*
« quam in supremo illo conventu promulgatæ sint. »

(2) « Non priùs vim habere legis quàm à senatu an æqua
« sint et iniqua cognitum fuerit, accedente postea so-
« lemni senatûs approbatione. »

1791. « donnance du Roi *vérifiée en la cour* est tenue
« pour faite par le conseil de la cour, de *laquelle*
« *vérification dépend l'autorité des édits* et *force*
« *de la perpétuité d'iceux*, comme le Roi Fran-
« çois I.er l'a assez déclaré par un édit fait à
« Villers-Cotteret, au mois d'août 1539, par
« lequel il abolit l'édit par lui fait en 1529, prin-
« cipalement *parce que icelui édit n'avait été*
« *vérifié en la cour de parlement.*

« Pourquoi la *cour* raisonnablement *délibère*
« *sur la vérification des édits* du Roi, et quelque-
« fois, par ci-devant, *a mieux modifiés et limités*,
« aussi quelquefois *a refusé la vérification d'i-*
« *ceux*, pour ne pas sembler être justes et rai-
« sonnables, et sur les *commandemens réitérés*
« de procéder à la vérification des édits refusés,
« la grandeur des Rois a été de recevoir gracieu-
« sement les remontrances de la cour, et de
« *déférer à icelles comme à un conseil très-saint.* »
Pasquier s'énonçait ainsi :

« En France, les lois prennent leur source et
« origine du Roi; .... toutefois si n'ont-elles
« vogue entre nous qu'*elles n'aient passé premiè-*
« *rement par l'alambic de la cour du parlement et*
« *de la chambre des comptes et de la cour des*
« *aides*, selon la diversité de leurs fonctions.

« Il n'y a celui de nous qui ne reconnaisse,
« avec toute dévotion et humilité, en nos Rois

« pareille grandeur , autorité et prééminence 1791.
« qu'en tous autres princes souverains; mais ils
« voulurent apporter cette attempérance à leur
« souveraineté, *de ne donner cours à leurs lois*
« *qu'elles n'eussent auparavant été vérifiées* par
« ces trois cours souveraines, chacune en droit
« soi. *Les juges étaient-ils rebelles pour les re-*
« *fuser? Non vraiment; ains meilleurs et plus*
« *fidèles serviteurs*, et nos Rois prenaient ordi-
« nairement leurs humbles remontrances en paie-
« ment. Pour cela en étaient-ils moins obéis par
« leurs sujets? Au contraire , par cette corres-
« pondance du Roi avec les très-humbles remon-
« trances de ces trois compagnies, chacun demeu-
« rait content , nos Rois en bien commandant,
« le peuple en *bien obéissant.* »

Enfin, il faut aussi compter comme autorité la déclaration solennelle du premier président *de Harlay*, au lit de justice du 15 juin 1586, en parlant au Roi Henri III :

« Les *lois de l'état et du royaume* ne peuvent
« être violées sans révoquer en doute la puis-
« sance même et la souveraineté du Roi, . . . et
« que celle-là , entre autres, est une *des plus*
« *saintes*, et laquelle les prédécesseurs dudit Sei-
« gneur Roi ont plus religieusement gardées , de
« ne *publier ni loi, ni ordonnance qui ne fût vé-*
« *rifiée en leur cour de parlement;* qu'ils ont

17

« estimé que violer cette loi, c'était aussi violer
« celle par laquelle ils sont faits Roi, et donner
« occasion à leur peuple de mécroire à leur
« bonté ; qu'aussi, s'il plaît audit Seigneur Roi
« de retourner ses yeux et son esprit vers ses
« ancêtres, il reconnaîtra aisément que, tant
« qu'ils ont observé cette loi, et qu'*en l'autorité*
« *du parlement ils ont observé la leur*, ils se
« sont rendus aimables à leurs peuples et redou-
« tables à leurs ennemis ; mais que, *pour si peu*
« *qu'ils ont entamé l'autorité de cet ordre et la*
« *loi de leur royaume*, tant de désaventures et
« d'infortunés succès les ont accueillis, qu'ils
« nous donnent aussi occasion de croire qu'une
« partie des misères qui affligent ce royaume sont
« dérivées de cette source. »

Ce ne sont pas là des assertions clandestines, insérées furtivement dans des ouvrages obscurs par des écrivains payés pour fabriquer des droits chimériques au parlement.

Il s'agit de témoignages du plus grand poids, *historiens, publicistes, militaires, magistrats, jurisconsultes*, qui ne cherchent pas à établir un système, mais qui se bornent à consigner l'opinion de leur temps.

Comme notre objet se réduit à exposer la doctrine dominante de cette époque sur la nature de l'*enregistrement* et le mode de la formation de la loi, sans en faire ni la censure, ni l'apologie, tout notre soin, comme *historien*, doit être de saisir la vérité. Or, je ne crains pas d'être démenti, en observant que, dans l'intervalle de 1500 à 1600, le parlement était *légalement et solennellement* incorporé dans la formation de la loi.

Ce qui renverse de fond en comble le système de ceux qui, dans le dix-huitième siècle, ont présenté cette doctrine comme une *innovation récente*, ne craignant pas d'assurer que le parlement n'avait jamais eu d'autre caractère que celui de *cour judiciaire et contentieuse.*

Le fameux arrêt du 28 juin 1593 prouva bien le contraire, lorsque le parlement, intervenant dans l'assemblée qui prenait la qualité d'*états-généraux*, frappa de *nullité* leurs délibérations, comme attentatoires aux *lois constitutionnelles* sur la succession à la couronne.

Cet arrêt salutaire, en conservant la couronne de France dans la maison des *Bourbons*, fit voir à Henri IV toute l'importance d'un *corps intermédiaire*, qui joignît à la *juridiction contentieuse* quelque *influence politique*, et qui, sans avoir la puissance d'ébranler le trône, en eût assez pour le défendre. Aussi, le premier soin de Henri fut de confirmer cette première autorité,

1791. et de l'environner de tous les moyens propres à remplir sa destination.

Son règne ne fournit aucun exemple de ces démélés désastreux qui, sous ses successeurs, troublèrent la tranquillité de la France.

Il lui arriva néanmoins quelquefois, dans les mouvemens d'une volonté précipitée, de hasarder un *enregistrement forcé*, dans l'espoir que le parlement, comblé de ses bienfaits, n'oserait lui résister.

Mais ce calcul (suggéré par ses courtisans) fut toujours déconcerté par la résistance courageuse d'une cour qui mettait ses devoirs au-dessus de ses intérêts.

L'exemple le plus signalé de cette résistance eut lieu à l'occasion des lettres patentes de 1590.

L'affection de ce monarque pour la princesse *Catherine*, sa sœur, l'avait déterminé à prendre la même voie employée autrefois par Louis XII, pour lui conserver la propriété de ses *domaines patrimoniaux*, en les séparant du *domaine de la couronne*.

Henri IV avait d'autant moins sujet de craindre quelque difficulté sur *l'enregistrement* des lettres patentes, qu'il avait affaire au parlement qui siégeait à *Tours*, et qui lui avait donné des preuves multipliées de dévouement à ses intérêts. Quelle

fut sa surprise de voir ces lettres patentes rejetées
à l'*enregistrement*, sur le même motif qui avait
fait rejeter celle de Louis XII ?

Henri, qui était alors peu familier avec la constitution de France, se laissa entraîner, en 1591,
à la tentative des lettres de *jussion*, qui n'eurent
aucun succès.

Lorsque Henri fut rentré dans Paris, il reprit
son premier projet auprès du parlement, auquel
il fit expédier de nouvelles lettres de jussion en
1596 ; mais ce fut en vain.

Cette contradiction entre le monarque et le
parlement donna lieu à une lutte publique, ac-
compagnée de développemens intéressans sur les
droits et l'autorité du parlement en matière d'*enregistrement*. L'avantage demeura au parlement.

Henri eut la grandeur d'âme d'avouer qu'il
s'était trompé, et que désormais il ne lui arri-
verait plus de méconnaître les principes constitutionnels, en se refusant à la vérification de ses
édits. (*Mémoires de Sully.*)

Quant au *fond*, ce grand Roi reconnut encore
que la résistance du parlement l'avait éclairé sur
la nécessité de réunir à la couronne tous les biens
patrimoniaux du nouveau monarque, et non-
seulement il renonça à ses *lettres patentes*, mais
il rendit un hommage solennel aux principes de

1791. réunion *constitutionnelle*, par le fameux édit de
juillet 1607, où il déclare « que les princes qui
« parviennent à la couronne contractent avec
« elle une espèce de *mariage saint et politique*,
« par lequel ils l'ont dotée de toutes les seigneu-
« ries qui, à *titre particulier*, leur pouvaient ap-
« partenir; en sorte que, s'il y a eu des réunions
« expresses, elles ont plutôt déclaré le droit
« commun que rien déclaré de nouveau en fa-
« veur du royaume.

« En conséquence, S. M. révoque les lettres
« patentes précédentes, confirme l'arrêt du par-
« lement de Paris du 9 juillet 1591 ; ce fait,
« déclare les duchés, comtés, vicomtés, baron-
« nies et autres seigneuries mouvans de la cou-
« ronne, ou des parts et portions d'icelles, tel-
« lement accrues et réunies à icelui que, dès le
« moment de son avènement à la couronne de
« France, elles sont devenues de même nature
« et de même constitution que le reste de l'ancien
« domaine de France. »

Après que ce monarque eut été enlevé à la
France en 1710, laissant la couronne à un
enfant de cinq ans, la Reine-Mère sentit la nécessité du concours du parlement pour en obtenir la
qualité de *Régente* ; tant il est vrai qu'à cette
époque l'opinion dominante subsistait encore,
« que le parlement devait intervenir, soit comme

« *conseil*, soit comme *autorité*, dans tous les 1791.
« actes qui touchaient au *maintien de la cou-*
« *ronne.* »

Pendant la tenue des ETATS de 1614, le président *Miron*, ayant présenté au Roi le cahier du
tiers-état, il rappela au jeune monarque le principe *constitutionnel* du royaume, d'un *corps intermédiaire* qui serve de lien entre le prince et la
nation.

« Les lois de France ne tiennent pour parfait
« aucun établissement public et qui a trait à l'a-
« venir, sinon après avoir été *autorisé par la*
« *vérification des parlemens.* Cet usage a toujours
« été approuvé et reçu par les Rois vos prédé-
« cesseurs, etc. » (*Rap.* 459.)

Dans le cours de son règne, appuyé du ministre le plus despotique, *Louis XIII* essaya,
à plusieurs reprises, de se dégager de ce *contre-
poids* incommode, en lui substituant le système
de *pure volonté* ; mais, à chaque fois, il éprouva
les mêmes résistances, d'après les mêmes principes.

La formalité, fréquemment employée, des *lits
de justice* n'intimida pas les magistrats vertueux
auxquels on venait demander leur sanction à des
lois *oppressives* ; et les discours tenus en cette
occasion portent l'empreinte du courage uni au
respect.

1791.

« **Sire**, disait l'avocat-général *Servin*, nous
« trouvons fort étrange que Votre Majesté pro-
« cède à la vérification de ses édits par des voies
« *si extraordinaires* que de venir en sa cour de
« parlement, contre les *anciennes formes gar-*
« *dées de tout temps* par vos prédécesseurs, les-
« quelles étaient de nous envoyer vos édits,
« pour, *en liberté de conscience*, en dire nos avis ;
« et, s'ils n'étaient trouvés justes, votre cour
« faisait des *remontrances*, qui toujours étaient
« prises de bonne part. Mais aujourd'hui, **Sire**,
« sans aucune apparence de toutes ces choses,
« et vous, étant prévenu de *mauvais conseils*,
« venez en votre cour, pour, par la splendeur
« de V. M., qui doit servir de terreur à tous vos
« ennemis, nous ôter le moyen de *délibérer avec*
« *la liberté de nos consciences*, et de vous repré-
« senter les inconvéniens qui peuvent arriver de
« l'exécution de ces *arrêts injustes*, qui pourront,
« un jour, être *cause du soulèvement de vos peu-*
« *ples*, *et qui les contraindront de faire des peu-*
« *plades pour habiter des terres étrangères*, où
« ils trouveront des dominations plus douces que
« la *vôtre*. Pardonnez, **Sire**, à cette liberté fran-
« çaise qui nous fait ainsi parler, et prêter l'o-
« reille aux clameurs de la veuve et de l'orphe-
« lin qui gémissent sous *le faix des impots*. »
Le discours du premier président de *Verdun*

ne fut pas moins énergique, sur le maintien des 1791.
lois constitutionnelles, conservatrices d'une autorité *intermédiaire*.

On y trouve ce passage remarquable et pro-
phétique :

« SIRE, nous avons un extrême regret que la
« nécessité de vos affaires apporte un tel obstacle
« et empêchement à votre bonté, que d'ôter à
« votre parlement son *ancienne liberté* de con-
« naître et délibérer sur les édits qu'elle propose,
« de sa *puissance absolue*, avant que de les *vé-*
« *rifier*.

« Et d'autant que cette omission de *vous sou-*
« *mettre à cette loi par vos prédécesseurs invio-*
« *lablement gardée* est un argument et pré-
« sage de la *diminution de votre autorité* et du
« *déclin et du penchant de votre dignité royale*,
« nous supplions la divine bonté qu'elle lui
« inspire la connaissance si parfaite du préju-
« dice qu'elle fait à son équité, que le juste
« ressentiment qu'elle en aura à l'avenir *tombe*
« *et fonde sur les auteurs de ce conseil*. Nous gra-
« vons dans nos mémoires leurs noms et qua-
« lités à la décharge de nos conscience envers
« Dieu et notre Roi. »

Tout le monde connaît le destin de l'édit de
1629, ouvrage du garde des sceaux *Marillac*.

1791.

Cet édit resta sans exécution , malgré tous les mouvemens que se donna ce chef de la magistrature pour le faire prévaloir.

Le motif du refus persévérant du parlement se trouvait dans les articles 1 , 53 et 54, qui portaient atteinte à la *liberté des enregistremens*, et ordonnaient l'exécution provisoire des édits , sauf le droit de remontrances ultérieures.

L'édit de 1629 fut rejeté , *en entier*, au parlement de Paris.

D'autres parlemens l'enregistrèrent sous diverses modifications appropriées aux localités et aux usages ; mais tous rejetèrent unanimement les *trois articles* qui blessaient le *droit public*. Ce fut pour cela que les avocats au parlement ne le citaient jamais, ni à *l'audience*, ni dans leurs *écritures* ou *mémoires*.

Dans les autres parlemens , on ne citait ces articles que conformément à leurs modifications , et le *conseil d'état*, qui était parfaitement informé de cette circonstance , se soumettait lui-même à ces conditions restrictives , qui devenaient partie intégrante de la loi (1).

____

(1) Il arriva au parlement de Dijon de rendre un arrêt conforme à une disposition textuelle de la loi , sans tenir compte de la modification. L'arrêt fut cassé au conseil,

Or, remarquez bien que ce n'est pas clandes- 1791.
tinement et dans des productions obscures et fur-
tives que ces assertions sont consignées sur la
nécessité d'un enregistrement préalable pour
former le complément de la loi ; c'est au milieu
de la pompe royale d'un lit de justice, à la face
et aux oreilles d'un monarque entouré de toute
sa puissance, à haute et intelligible voix, laquelle
devait, sous peu de temps, retentir aux extrémités de l'empire français et même de l'Europe.

A sa mort, arrivée le 14 *mai* 1643, on trouva
un testament qui réglait l'administration du
royaume pendant la minorité du jeune Roi.

ANNE *d'Autriche*, qui était privée de la régence
par le testament, accourt au parlement, comme
à l'autorité *régulatrice des droits de la couronne*,
et elle obtient un arrêt qui, sans avoir égard au
testament du feu Roi, investit la Reine-Mère d'une
régence illimitée.

C'était pour la seconde fois que les Reines-
Mères reconnaissaient dans le parlement le droit
d'adjuger la régence.

---

comme renfermant une contravention à la loi qu'il s'était
imposée lui-même par son arrêt d'enregistrement.

(*Max.*, tom. 4., pag. 144.)

1791.
L'époque de la majorité de Louis XIV offrit au parlement un nouveau témoignage de son influence sur l'administration.

Comme c'était dans son sein que la *régence* avait pris naissance , c'était aussi dans son sein qu'elle devait s'éteindre par une déclaration solennelle de la *majorité.*

Ce fut le 7 septembre 1643 que le Roi vint tenir au parlement un lit de justice pour l'accomplissement de cette formalité , accompagné de la Reine Mère , des princes du sang , et d'un nombreux cortége de tout ce qu'il y avait de plus distingué dans l'Etat.

De toutes les circonstances propres à donner beaucoup d'intérêt à cette cérémonie , aucune ne me semble plus digne d'attention que le *discours* de l'avocat-général *Talon* , par l'énergie et la franchise de vérités qui ne sont pas familières aux oreilles royales.

L'orateur débute par quelques réflexions sur la formalité de déclarer solennellement, en lit de justice , la *majorité* de nos Rois.

« Il semble , dit-il, que *Votre Majesté* ayant
« la majorité royale *établie par les lois de l'Etat,*
« elle n'a pas besoin d'en faire une déclaration
« particulière, parce que ses sujets, étant bien
« informés des momens de la naissance de leur

« Prince, ne manquent jamais de savoir la plé-
« nitude de son âge. . . . . »

Le magistrat explique l'usage de cette cérémonie par une espèce d'hommage rendu à l'autorité de la nation, qui, ne perdant jamais de vue
son monarque, doit intervenir, par l'*intermédiaire du parlement*, à toutes les époques intéressantes de sa destinée.

Au nom de ce même parlement, l'orateur pro-
digue au jeune monarque les souhaits les plus
étendus ; et (comme s'il eût déjà prévu le goût
dominant du jeune prince) il le conjure de chercher sa gloire dans l'amour de son peuple plutôt
que dans des *entreprises guerrières*, que la nation
paie toujours de son sang.

« Parmi tant de souverains qui ont gouverné la
« France, s'il y en a plusieurs signalés à l'admi-
« ration de la postérité, sous le nom de *grands*,
« de *justes*, de *pères du peuple* ; il y en a aussi
« plusieurs qui sont connus et marqués par des
« *qualités toutes contraires*, *et qui n'ont rien de*
« *royal que la naissance et la bonne volonté des*
« *peuples qui leur ont obéi* ; et parmi les empe-
« reurs romains qui ont été les plus grands prin-
« ces de la terre, à peine trois ou quatre ont laissé
« *bonne odeur de leur vie* : ce qui procède d'une
« mauvaise créance qui occupa la pensée de la

1791. « plupart des souverains , et de tous ceux qui les
« entretiennent, que toutes leurs entreprises sont
« justes, et même leurs *songes* véritables , et ,
« s'imaginant être des dieux sur la terre , ils
« pensent que les peuples sont faits pour les Rois,
« et non pas les Rois pour les peuples.

« Rétablissez , Sire , l'*autorité* et l'obéissance
« dans l'esprit de ces hommes orgueilleux qui,
« depuis quelques années, n'ont honoré la royauté
« qu'*en peinture*, qui forment dans la *monarchie*
« des desseins de *république* et des maximes de
« *liberté populaire* , pour s'en prévaloir en leur
« particulier et dans la résolution de travailler à
« leur escient. . . . . . »

Enfin, l'orateur, en cherchant dans les siècles
précédens les *grands rois dignes* d'être proposés
pour modèles au jeune monarque , n'en trouve
aucun de plus parfait que son illlustre aïeul
Henri IV.

Ce monarque ne se tint pas long‑temps dans
la ligne qui lui était tracée , et l'on sait combien
le peuple paya cher la gloire de son règne et
l'éclat de ses belles années. Néanmoins , au sein
de son despotisme, il était tourmenté de *remords*
qui lui présentaient sans cesse le système de *pure
volonté* comme une oppression coupable.

A travers ce caractère impérieux perçaient de

temps en temps des traits de soumission à la doc- 1791.
trine d'un *corps intermédiaire* entre le monarque
et la nation. Il n'avait pu oublier les courageuses
vérités qu'il avait entendues au lit de justice du
7 septembre 1645 (où il s'agissait de l'enregistrement de 19 édits).

« Les Rois vos prédécesseurs ont déposé entre
« les mains de votre parlement, non-seulement
« l'exercice de la justice qu'ils doivent à leurs
« peuples, mais l'*enregistrement* et la connais-
« sance des *affaires publiques. C'est la loi de l'Etat,*
« *le lien et l'assurance de la royauté ; c'est une*
« *espèce de cachet, lequel imprime sur nous les*
« *marques de son autorité,* sans toutefois nous
« en communiquer la substance. Cette sujétion
« n'est pas un témoignage de faiblesse, mais un
« effet de prudence politique, qui réserve au
« souverain les occasions de bien faire.

« Que Votre Majesté ne s'imagine pas que
« ce soit faiblesse de modérer l'extrémité de
« son pouvoir dans certaines bornes raisonna-
« bles, etc. »

Parvenu au faîte du pouvoir, ce monarque
eut souvent occasion de voir sa toute-puissance
échouer contre la persévérance des parlemens à
ne pas enregistrer des édits qui lui paraissaient
contraires aux lois du royaume.

1791. Tel fut le sort des déclarations de 1656, 1657 et 1658, en faveur du clergé, qui blessaient l'*indépendance de la couronne.*

Le clergé fit de vaines instances auprès du Roi, en annonçant que, *faute d'enregistrement,* les trois déclarations resteraient sans exécution. Efforts inutiles ! la fermeté du parlement (1) les rendit illusoires.

Louis XIV, dans toutes les déclarations qu'il adressait au parlement relatives à quelques intérêts de la *cour de Rome,* ne manquait pas d'y ajouter la clause : « S'il vous appert qu'*il n'y ait*

____

(1) *La Roche Flavin* atteste « qu'il a vu refuser des « édits au nombre de plus de *quatre-vingts,* adressés au « parlement, bien qu'il y eût jusqu'à *six,* voire *sept lettres* « *de jussion.* »

Le parlement de Toulouse, dans ses remontrances du 6 avril 1771, cite plus de soixante-dix arrêts qu'il a rendus depuis 1580 jusqu'en 1666, par lesquels l'*enregistrement* des édits, déclarations, lettres patentes et lettres de jussion y mentionnées, est refusé en ces termes : « *La cour a déclaré et déclare n'y avoir lieu de re* « *gistre,* etc. ; *la cour a déclaré et déclare ne pouvoir* « *procéder au registre,* etc. »

Quelques-uns de ces arrêts, mais en très-petits nombre, sont terminés par la clause suivante : « *Et sera le Roi* « *supplié d'avoir la présente délibération pour agréable,* « *comme faite pour le bien de son service,* ou *comme* « *faite pour le bien de son royaume.*

« *rien de contraire aux saints décrets ;* » clause
« qui était, de droit, *sous-entendue* à l'égard des
intérêts de la couronne et des principes constitutionnels.

Chaque édit envoyé au parlement contenait implicitement cette même clause : « S'il vous appert
« qu'il ne s'y trouve rien de contraire aux intérêts de la couronne et aux lois du royaume ; »
clause qui est fondamentale, ainsi qu'on l'a vu
ci-dessus, pag. 258.

Quand donc les parlemens se refusaient à
l'enregistrement, ils obéissaient à cette condition
préexistante depuis des siècles, quoique non
exprimée.

L'aveu de cette présomption légale se trouve
même consignée dans la déclaration de Louis XIV
du 31 juillet 1648, où ce prince reconnut « que
« les lois et ordonnances sont envoyées aux cours
« souveraines, établies principalement *pour au*
« *toriser la justice des volontés du Roi, et la faire*
« *recevoir par les peuples avec le respect et la vé*
« *nération qui leur est due.* » (Recueil de *Néron,*
Tom. II, pag. 18.)

De toutes ces citations sort cette vérité, que le
monarque le plus absolu qui ait régné en France
se soumit à l'empire du principe fondamental d'une
autorisation intermédiaire.

18

1791. Louis XIV, arrivé au déclin de sa carrière, fut, comme François I.er, désabusé de l'illusion et de la chimère d'une puissance absolue *sans contre-poids*.

Envisageant, aux approches de la tombe, les choses de ce monde d'un autre œil qu'il ne l'avait fait dans la splendeur de son règne, le Grand Louis retraça le repentir de François I.er, en reconnaissant qu'*il avait trop aimé la guerre*, trop étendu son autorité, trop abusé de la soumission de son peuple ; et l'on ne peut douter que l'oppression exercée sur le *parlement* n'entrât pour beaucoup dans les remords du vieux monarque.

Il chercha alors à restituer à cette auguste compagnie un témoignage de confiance.

Le 3 août 1714, il adressa au parlement son testament, accompagné d'un édit qui portait que ce testament serait mis en dépôt au *greffe du parlement* pour n'être ouvert qu'après sa mort. (*Voyez* ci-dessus, pag. 194 et suiv.)

Remarquez bien que l'effet de ce dépôt était de reconnaître chez le parlement une portion d'*autorité politique*. Autrement, pourquoi lui remettre une pièce aussi importante ? à quel titre ? Comme *cour judiciaire*, ce dépôt ne lui appartenait pas et sortait de sa compétence. Le *secrétariat du conseil d'état* était le siége naturel d'un pareil dépôt.

Il ne pouvait concerner le parlement qu'autant 1791.
que cette cour aurait été considérée comme associée à *l'autorité législative*, et par-là le Roi
semblait, en rétablissant les choses dans leur
état originaire, donner lui-même un désaveu
solennel du système contraire.

Louis meurt le 1.er *septembre* 1715, laissant
pour successeur un enfant de cinq ans (depuis
Louis XV). Cet événement est la résurrection
de l'autorité parlementaire. Les *chambres sont assemblées* sur-le-champ : ce qui n'avait pas eu lieu
depuis soixante ans.

Le duc d'Orléans se rend à l'assemblée, et demande que la *régence* lui soit déférée comme premier prince du sang.

C'était pour la *troisième fois* que le parlement
était investi du droit de donner la *régence*, en cas
de minorité.

Le duc d'Orléans protesta de remplir digne-
ment cette auguste nomination : « J'ose, dit-il,
« Messieurs, vous assurer que je la mériterai
« par mon zèle pour le service du Roi, par mon
« amour pour le bien public, et surtout *étant*
« *aidé de vos conseils et de vos sages remon-*
« *trances.* »

Le testament du feu Roi est retiré avec grand
appareil du lieu du dépôt, et lu solennellement;

1791. mais ce n'était que pour la forme : la voix sépulcrale de ce grand monarque n'est qu'un vain son dans cette même chambre où, en 1655, elle avait produit un effet aussi éclatant.

Sans daigner casser ce testament, le parlement (d'après des dispositions concertées d'avance avec le duc d'Orléans) adjuge à ce prince la *régence*, sous des conditions absolument contraires aux dispositions du testament.

Abattu sous le despotisme de Louis XIV, le parlement n'avait opposé qu'une faible résistance aux édits les plus ridicules et les plus oppressifs (1).

A la mort de ce monarque, le parlement se relève avec éclat, et reprend ses droits et ses anciennes prérogatives; mais il est arrêté au premier usage qu'il en veut faire : le Régent n'avait reconnu et proclamé l'*autorité du parlement*

____

(1) Le gouvernement de Louis XIV, allégé des entraves parlementaires, s'épuisait en inventions pour établir des impôts et de nouvelles taxes, sous toutes les formes et dénominations. Tel est, par exemple, l'établissement *de contrôleurs des perruques dans toute l'étendue du Royaume.* (Journal de Verdun, avril 1706, pag. 238.) Voilà où conduit le pouvoir *arbitraire* dégagé de tout contre-poids. Quand un gouvernement *peut* tout ce qu'il *veut*, il *veut* bientôt tout ce qu'il *peut.*

qu'autant qu'elle lui servirait d'instrument et 1791.
d'appui dans son administration.

C'était sous cette condition qu'il avait déclaré,
au moment de sa nomination, qu'il se ferait un
devoir de se conduire *par ses sages conseils*; mais,
à la moindre contradiction (1), il ne voit plus
dans l'opposition du parlement q'une usurpation
de pouvoir et une atteinte à l'autorité royale.

De là, *exils*, *emprisonnemens*, *translations*,
confiscations, *destitutions*, etc., en un mot, une
suite de combats, qui sont repris sous le ministère du cardinal *Fleury*, et qui laissèrent à la nation l'incertitude de savoir de quel côté se trouvait le bon droit.

Louis XV, le plus aimable des princes comme
homme privé, mais monarque insoucieant et
faible, était surchargé du diadême. Préférant des
jouissances paisibles à l'éclat de la cour, *rassa-
sié* de royauté, il n'en retenait pour lui-même
que les moyens de satisfaire ses goûts, et laissait
le reste à exploiter à ses ministres et à ses courtisans.

Ceux-ci ne manquèrent pas de tirer parti de

---

(1) C'est à cela que *Le Sage* fait allusion dans son roman
de *Gil-Blas*, par son aventure avec l'archevêque de
Grenade.

1791. cette disposition du monarque , pour multiplier les impôts dont le produit leur était destiné.

Mais le *parlement* était là ; et chaque nouvel impôt devenait l'occasion d'une nouvelle lutte, qui amenait un *lit de justice*, des *coups d'autorité*, des *exils*, des *détentions*, etc.

C'était un supplice pour le monarque d'être arraché à son apathie voluptueuse pour figurer dans des affaires politiques.

Fatigué du *système parlementaire*, il céda aux propositions qui lui furent faites par quelques-uns de ses plus intimes confidens d'anéantir ces parlemens incommodes.

Telle fut l'origine des troubles de 1771, connus sous le titre de *révolution*, parce qu'alors on avait eu le bonheur de n'en pas connaître d'autre.

La suite en est assez récente pour qu'il ne soit pas besoin d'en reproduire les détails.

La mort de Louis XV (arrivée au mois de mai 1774) ayant porté *Louis XVI* sur le trône, le premier soin du jeune monarque fut de se rendre au vœu général de la nation en rappelant les *parlemens*, soit que ce fût un hommage rendu aux *lois fondamentales*, soit que ce fût par une considération puisée dans les circonstances.

Ce qu'il y a de certain, c'est que ce fut un acte

de haute sagesse, quand même il y aurait eu un 1791.
mélange d'intérêt particulier.

En effet (comme nous l'avons perpétuellement
énoncé), il fallait indispensablement à la nation
un *corps intermédiaire*, qui servît de *contre-poids*
à l'autorité royale en matière de législation, qui
donnât aux lois un caractère *exécutoire*, et qui
autorisât la *justice de la volonté des Rois*.

Or, le simulacre d'autorité qui remplaçait le
parlement n'offrait rien qui remplît cette condition. Soumis servilement aux volontés d'un ministre qui venait de le créer, sans pouvoir, sans
considération, couvert de la réprobation générale, il provoquait nécessairement le *rappel du
parlement*, qui avait acquis, par sa persécution
même, un nouveau titre à la confiance de la
nation.

C'est bien à tort que quelques personnes ont
pensé que si l'ancien gouvernement avait fait une
faute en *supprimant le parlement*, le nouveau en
avait fait une autre en le *rétablissant*, parce que
l'opinion publique aurait fini par se réconcilier
avec le nouveau système judiciaire.

Ces personnes n'ont pas fait attention que,
dans le nouveau système, on ne voyait plus de
contre-poids constitutionnel.

Que fût-il arrivé si le nouveau monarque n'eût
pas pris ce parti? Il aurait fallu recourir à la

1791. création d'un nouveau *contre-poids*, investi de la même autorité que celle des parlemens, et qui, loin d'en user avec la même sagesse et la même modération, aurait peut-être porté la cognée au pied du trône, et anéanti la *constitution*, qui, depuis plus de mille ans, avait fait la gloire de la nation française.

Hélas ! l'événement ne l'a que trop bien prouvé !

Il est donc vrai que Louis XVI signala heureusement le commencement de son règne par le rétablissement d'une *autorité constitutionnelle*. Mais par quelle fatalité ce monarque vertueux n'eut-il pas la force de se garantir des piéges qui lui furent tendus de toutes parts pour donner à son autorité une fausse direction.

Le ciel, en lui prodiguant une foule de qualités précieuses, lui avait refusé celle qui, en tout temps, est nécessaire aux rois, et qui le devenait encore plus dans les circonstances : je veux dire la *fermeté de caractère*.

Il ne suffit pas aux rois de vouloir le bonheur des peuples ; il faut le *vouloir fortement*. Une *demi-volonté* est nulle au milieu d'hommes qui ont un intérêt opposé.

Irrésolu, méfiant de soi-même, cherchant le bien, et ne sachant pas le trouver, égaré par de fausses idées sur l'étendue et le terme de l'autorité royale ; tantôt en de-là, tantôt en de-çà ; tour-à-

tour *despote* et *républicain*, et toujours prenant 1791.
les impressions qu'on lui suggérait ; sans défense
contre l'intrigue, sans force contre les ambitieux
qui le circonvenaient, *Louis* finissait toujours
par céder à une obsession persévérante : caractère qu'il tenait de son aïeul Louis XV. (Voyez
l'Histoire des Avocats.)

Ce fut alors que se réveilla à la cour le système
de *puissance absolue* et de *pure volonté.*

L'ancienne *constitution*, qui soumettait les opérations du gouvernement à la *censure*, aux *remontrances des cours parlementaires*, ne fut présentée
à Louis que comme *une vieille usurpation des
sujets sur leur Roi.*

D'après la doctrine des gens de cour, la *constitution française* ne se composait que de trois articles : *la volonté du Roi, toute sa volonté, rien
que sa volonté.* Cette *volonté* rendait tout égal et
affranchissait de toutes les formalités.

De là dérivait le droit d'établir des impositions
arbitraires, sans rendre aucun compte de leur
destination, ni de leur emploi. De là aussi la nécessité de se débarrasser des parlemens, qui don-
naient au peuple, disait-on, l'exemple dangereux
de la résistance à l'autorité royale.

Il est aisé de voir que les prôneurs de ce système odieux parlaient pour leur compte et dans
leurs intérêts personnels.

 Dépositaires et administrateurs de la *volonté* du monarque, ils ne pouvaient trop en étendre l'empire, puisque c'était étendre leur propre domaine, et s'ouvrir à leur gré le trésor national.

Dans ce système, l'*anéantissement* du parlement était une conséquence nécessaire au moins pour ce qui concernait les *enregistremens*. Voilà ce qui explique le déchaînement des courtisans et des ministres contre le parlement, et les tentatives multipliées de sa destruction.

Mais, pendant que ce parti s'évertuait à organiser l'empire de la *volonté absolue*, il était contre-miné par un autre parti qui travaillait sous terre à réduire la royauté au *minimum* de ses droits, et à la dépouiller de ses plus belles prérogatives, en y substituant la *volonté du peuple*, exprimée par une *représentation nationale*.

Ce *parti* allait beaucoup plus loin que le premier : car, au moins, celui-ci laissait subsister la *royauté ;* mais l'autre, avec ses grands mots de *liberté*, d'*affranchissement*, d'*égalité*, convertissait la royauté en un misérable squelette digne de dérision et de pitié. L'un en faisait un *géant*, et l'autre un *pygmée*.

Ces deux *partis*, si opposés dans leur but, se réunissaient pour la *destruction* des *parlemens*, qui, dans l'un et l'autre cas, ne pouvaient se coor-

donner avec le nouvel état de choses qu'ils mé- 1791.
ditaient.

Il est inutile de rappeler ici les troubles désastreux qui résultèrent du choc de ces trois partis.

S'étant trouvés en présence dans l'assemblée
dite *constituante*, ils prirent pour *point de mire*
la ruine de leur redoutable adversaire, et ne
se crurent en sûreté dans leurs projets désorga-
nisateurs qu'autant qu'il l'auraient exterminé ;
ayant sans cesse sous les yeux la puissante influence de ce grand corps qui, par un *simple
arrêt*, pouvait (comme en 1593) renverser tout
leur édifice.

Une circonstance bien digne d'être signalée
dans la destruction des parlemens, et qui, seule,
suffirait pour recommander sa mémoire à la
postérité, c'est qu'au moment même où tous les
ressentimens se coalisaient contre lui avec la plus
grande effervescence, il ne se trouva personne
qui osât aborder sa probité, son intégrité, ses
lumières, son vrai patriotisme, l'immensité des
services rendus à la France entière, aux droits
de la couronne et aux intérêts de la nation.

Toutes ces vérités furent hautement avouées et
proclamées par les *exterminateurs* (1) eux-mêmes.

----

(1) « Je sais que si, dans l'origine, la puissance royale
« leur a dû son agrandissement, on les a vus depuis,

1791. Sur quoi donc motivèrent-ils sa destruction ?

« Sur ce que son *existence était impraticable* avec
« la *constitution anti-royale* qu'ils se proposaient
« d'offrir au peuple français ; sur ce que des corps,
« soutiens, appuis et défenseurs du trône , con-
« servateurs nés des prétentions de la couronne
« et du clergé, ne pouvaient pas coexister avec un
« ordre de choses qui allait fixer (c'est-à-dire
« anéantir) les droits du trône , qui avait déjà
« prononcé la destruction des *ordres*, et qui ne
« laisserait aux nobles d'autres privilége que la
« mémoire de leurs services. . . »

On ne croirait jamais cette audacieuse absur-
dité si elle n'était point consignée dans les procès-
verbaux authentiques de ce temps-là.

« Nous ne pouvons nous le dissimuler , Mes-
« sieurs, disait un orateur (de l'ordre de la no-
« noblesse), tant que les parlemens conserve-
« ront leur *ancienne existence*, les *amis de la*
« *liberté* ne seront pas sans crainte , et ses ennemis sans espérance.

« dans plus d'une occasion , lui prescrire des limites , et
« souvent combattre avec énergie, et presque toujours
« avec succès , les efforts du *despotisme ministériel*.....
« Je sais qu'on les a vus, lorsque l'autorité l'emportait,
« soutenir avec fermeté les *persécutions obtenues par leur*
« *courage.* » (Voyez *suprà*, pag. 251.)

« Ces corps sont *incompatibles* avec la *consti-*
« *tution*, qui ne sera solidement établie tant qu'il
« existera auprès des assemblées nationales des
« corps *rivaux de sa puissance*, accoutumés de-
« puis long-temps à se regarder comme les *repré-*
« *sentans de la nation* (on a vu par ce qui venait
« d'être dit qu'il n'avait pas si grand tort), sans
« cesse occupés à épier nos démarches, à aggra-
« ver nos fautes, à profiter de nos négligences,
« à attendre le moment favorable de l'élever sur
« nos débris, etc. »

Ainsi, voilà l'aveu bien prononcé de la bouche même des plus implacables ennemis des
parlemens ; c'est que leur destruction ne fut
imaginée que dans les intérêts de la constitution
de 1791 (de cette misérable production, attentat manifeste aux droits du trône et de la
majesté royale); qu'elle n'était faite que pour
préparer les succès des assemblées subséquen-
tes, auxquelles les *meneurs* léguaient le soin de
mettre la France en feu, de la couvrir d'échafauds, de la rougir du sang le plus pur, de lui
imprimer une éternelle affliction, enfin de con-
sommer l'exécrable forfait du mois de janvier
1793, commené par la captivité de leur Roi.

Non, sans doute, rien de cela ne serait arrivé
en *présence* des parlemens ; et rien n'était plus
vrai que ce que disaient ces conspirateurs, que

leurs assemblées ne pouvaient exister avec ces grands corps.

Ce n'est pas ici la place de rappeler des souvenirs déchirans qui doivent disparaître devant l'auguste monarque que le ciel nous a rendu.

En remontant sur le trône de ses pères, ce prince n'a plus retrouvé cet antique corps, contemporain de Saint Louis, et qui, dans la longue série de règnes, pendant six cents ans, lui avait tant de fois prodigué les témoignages de la plus inviolable *fidélité* et du *dévouement* le plus énergique.

Le monarque ne retrouvait pas même des élémens d'un nouveau *corps intermédiaire* propre à remplacer l'*ancien*.

Ce fut donc un acte de haute sagesse et d'une profonde connaissance de notre droit public, de recréer sur-le-champ un *corps intermédiaire*, à l'aide d'un mode déjà approprié à l'opinion publique (1).

Le Roi institua donc, par une *charte solennelle*, les *deux chambres*, destinées à donner à la loi la

---

(1) Car, pourvu que le *corps intermédiaire* soit conservé, le mode de la formation est un attribut de la puissance royale.

forme exécutoire ; droit antique , dont les parle-   1791.
mens avaient été en possession depuis six siècles.

Par-là , notre auguste monarque trouva le moyen de rétablir le rapport constitutionnel entre la nation et l'autorité *royale.* Ce n'est , à proprement parler , que le retour à l'ancien ordre (1).

Fasse le ciel que cette innovation dans les *formes ,* cette permanence *publique* et *délibérante ,* puisse s'approprier avec *l'esprit français ,* et mériter dans notre histoire une place aussi distinguée que nos *parlemens !*

Mais ceux-ci n'en auront pas moins un titre éternel au souvenir des Français.

Parmi les pertes innombrables qui affligeront long-temps la sensibilité de notre bien-aimé monarque , celle du *parlement de Paris* ne sera pas oubliée.

En associant le souvenir de ce grand corps à d'autres *souvenirs amers ,* notre Roi regrettera l'impuissance où l'avaient réduit des charlatans politiques.

En se représentant l'énergie du parlement de 1593 et le zèle de celui de 1789 , plus d'une fois

____

(1) Voyez , *suprà ,* pag. 133 et suiv. , où cette vérité est démontrée.

(288)

1791. sans doute il lui arrivera de dire avec *Marthe* de
l'Évangile :

« Seigneur, si vous eussiez été ici, mon frère
« ne serait pas mort. »

« *Domine, si hîc fuisses, frater meus non esset*
« *mortuus.* »

TABLE

DES

CHAPITRES ET SECTIONS

CONTENUS DANS CET OUVRAGE.

CHAPITRE V.

CHAPITRE VI.

CHAPITRE VII.

CHAPITRE VIII.

CHAPITRE IX.